한식에 대한 세계인의 관심은 단순한 유행을 넘어, 이제는 지속 가능한 문화로 자리 잡고 있습니다. 김치와 비빔밥, 불고기처럼 대중적인 메뉴에서 출발한 호기심은 점차 장(醬) 문화, 발효 철학, 제철 식재료의 아름다움으로까지 확장되고 있습니다. 이러한 흐름은 한식 자체를 넘어 한국 문화 전반에 새로운 영감을 불어넣고 있으며, 한국 요리를 배우고 익히는 우리의 역할 역시 더욱 무거워졌습니다.

최근 해외 여러 도시의 식당과 페스티벌, 교육기관에서는 한식이 하나의 문화 콘텐츠로 자리 매김하고 있습니다. 이제 조리사는 단순히 음식을 만드는 기술자를 넘어, 한국 문화의 품격을 전달하는 전문인으로 성장해야 할 때입니다. 손맛과 감각에 의존하던 조리 환경은 '표준화된 기술'과 '위생·안전에 대한 과학적 이해'를 요구하는 체계로 빠르게 전환되고 있습니다.

이 책은 이러한 변화에 발맞추어, 국가기술자격인 한식조리기능사를 준비하는 모든 수험생들에게 실질적인 도움이 되도록 구성하였습니다. 실기시험에서 요구되는 조리 원리와 절차를 정확하게 정리하고, 평가 기준과 자주 발생하는 실수 포인트까지 세심하게 담았습니다. 단순한 수험서를 넘어, 한식의 가치를 온전히 이해하고 실현할 수 있는 기반이 되기를 바라는 마음으로 집필에 임했습니다.

조리사는 한 접시의 음식을 통해 시간과 장소, 사람의 마음을 연결하는 사람입니다. 이제 한식은 세계와 소통하는 언어가 되었고, 이를 다루는 조리사에게는 정직한 재료 선택, 정확한 기술 구현, 안전한 작업 환경, 따뜻한 환대의 철학이 요구됩니다. 이 네 가지는 단순한 기술이 아니라, 우리가 지켜야 할 '한식의 신뢰'이자 '한국 음식의 품격'입니다.

이 책이 여러분의 합격을 넘어, 더 나아가 한국 음식의 매력을 세계에 전하는 여정에 든든한 동반자가 되기를 바랍니다. 아울러 본 교재의 출간을 위해 애써주신 ㈜박문각 출판 편집팀 모든 분들께 깊이 감사드립니다.

저자 안이준

차례

| 실기 시험안내 | 008 | 계량 도구 및 계량법 | 012 | 재료 손질법 | 013 |

15분 도라지생채　016

15분 무생채　020

20분 더덕생채　024

20분 두부젓국찌개　028

20분 북어구이　032

20분 오이소박이　036

20분 육원전　040

20분 육회　044

20분 표고전　048

20분 홍합초　052

25분 너비아니구이　056

25분 두부조림　060

25분 생선전　064

25분 재료 썰기　068

25분 풋고추전　072

30분 더덕구이 076	30분 생선양념구이 080	30분 생선찌개 084	30분 섭산적 088
30분 오징어 볶음 092	30분 완자탕 098	30분 장국죽 102	30분 제육구이 106
30분 콩나물밥 110	35분 겨자채 114	35분 미나리강회 118	35분 배추김치 122
35분 잡채 126	35분 지짐누름적 132	35분 탕평채 136	35분 화양적 140
40분 칠절판 146	50분 비빔밥 150		

구성과 특징

Step 01
시험 전 핵심 확인

❶ 한눈에 보는 완성작
최종 완성작을 실제 크기에 가깝게 제시하여 조리 후 형태, 색감, 담음새를 한눈에 확인할 수 있습니다.

❷ 시험시간 확인
각 과제별 시험시간을 명시하여 조리 순서별 시간 배분 연습에 도움이 됩니다.

Step 02
시험 전 준비사항

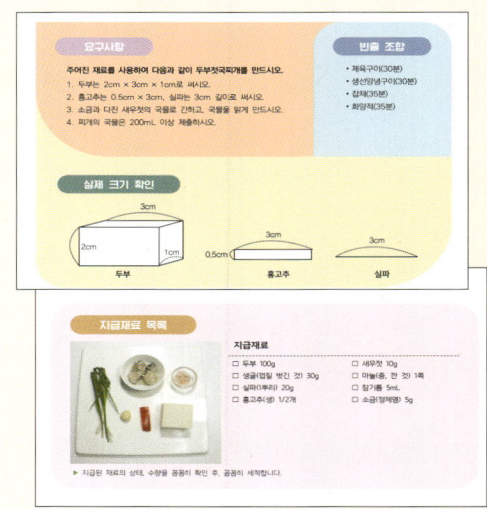

❶ 요구사항 확인
최신 출제 기준을 반영한 과제별 요구사항을 확인할 수 있습니다.

❷ 빈출 조합 & 실제 크기 확인
- 시험에서 자주 함께 출제되는 메뉴 조합을 수록하였습니다.
- 실기시험에서 가장 중요한 치수와 규격을 시각적으로 제시하였습니다.

❸ 지급재료 목록 확인
시험장에서 지급되는 재료와 분량을 제시하여, 실제 시험과 동일한 환경에서 연습할 수 있습니다.

Step 03
실기 핵심 완전 정복

BONUS
합격 레시피 카드

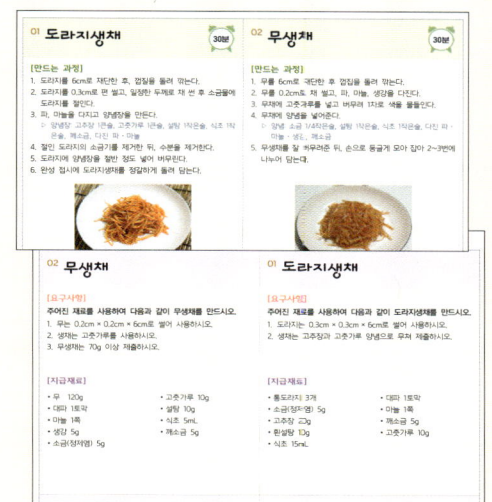

❶ 만드는 과정
조리 순서에 따라 사진과 설명을 단계별로 구성하여 시험 흐름 그대로 익힐 수 있습니다.

❷ Tip & 합격 Point
- 조리 중 실수하기 쉬운 부분과 꼭 기억해야 하는 포인트를 정리하여 실수를 줄일 수 있습니다.
- 감독관의 채점 기준과 평가 포인트를 콕 짚은 합격 Point를 수록하였습니다.

❸ 풍부한 사진과 친절한 설명
혼자서도 쉽게 따라할 수 있도록 조리 전 과정을 풍부한 사진과 함께 상세하게 설명하였습니다.

각 과제별 레시피 요약을 카드 형식으로 수록하여 언제 어디서나 간편하게 조리 순서를 암기하고 반복 연습할 수 있습니다.

한식조리기능사 시험정보

한식조리기능사란?

- **자격명:** 한식조리기능사
- **영문명:** Craftsman Cook, Korean Food
- **관련부처:** 식품의약품안전처
- **시행기관:** 한국산업인력공단
- **직무내용:** 한식 메뉴 계획에 따라 식재료를 선정·구매·검수·보관 및 저장하며, 맛과 영양을 고려하여 안전하고 위생적으로 음식을 조리하고 조리기구와 시설관리를 수행하는 직무

한식조리기능사 시험과목

구분		내용
시험과목	필기	한식 재료관리, 음식조리 및 위생관리
	실기	조리작업

한식조리기능사 시험방법 및 합격기준

구분		내용
검정방법	필기	객관식 4지 택일형, 60문항(60분)
	실기	작업형(70분 정도)
합격기준	필기	100점을 만점으로 하여 60점 이상
	실기	100점을 만점으로 하여 60점 이상

한식조리기능사 합격률

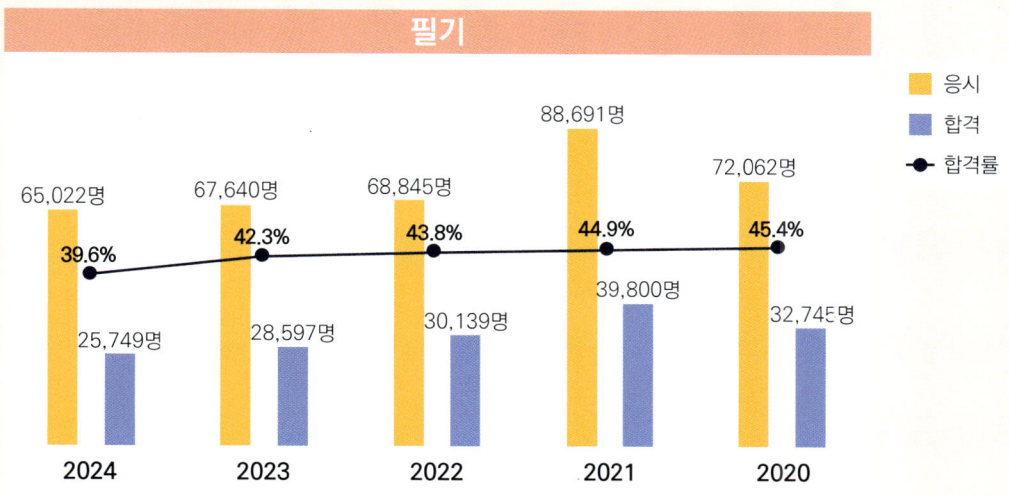

필기

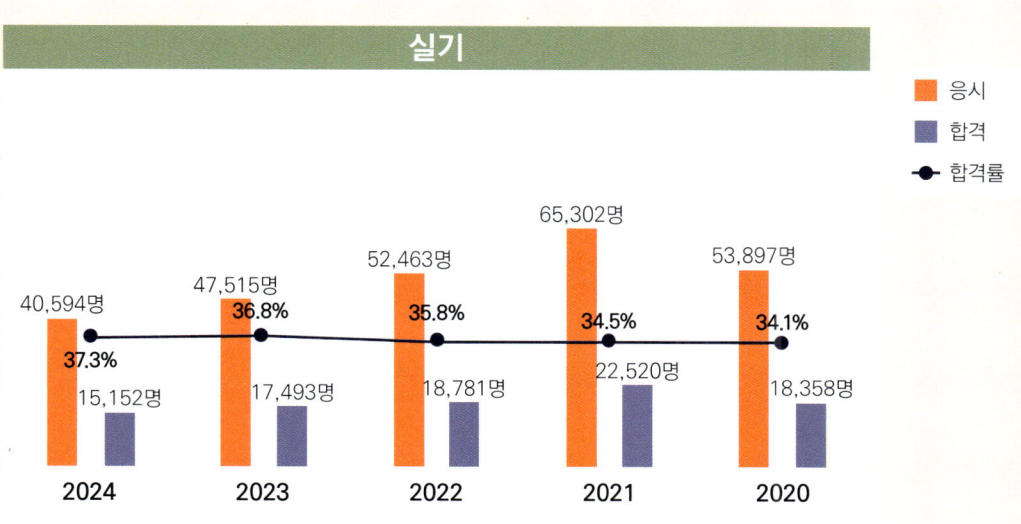

실기

한식조리기능사 실기 시험안내

01 수험자 지참준비물(2025 한식조리기능사)

재료명	규격	수량	비고
가위	-	1개	
강판	-	1개	
계량스푼	-	1개	
계량컵	-	1개	
국대접	기타 유사품 포함	1개	
국자	-	1개	
냄비	-	1개	시험장에도 준비되어 있음
도마	흰색 또는 나무도마	1개	시험장에도 준비되어 있음
뒤집개	-	1개	
랩	-	1개	
면포	60×50cm	1장	흰색, 크기는 가감 가능
밀대	-	1개	
밥공기	-	1개	
볼(bowl)	-	1개	
비닐백	위생백, 비닐봉지 등 유사품 포함	1장	
상비의약품	손가락골무, 밴드 등	1개	
석쇠	-	1개	
쇠조리(혹은 체)	-	1개	
숟가락	차스푼 등 유사품 포함	1개	
마스크	-	1개	
앞치마	흰색(남,녀 공용)	1개	*위생복장(위생복, 위생모, 앞치마, 마스크)을 착용하지 않을 경우 채점대상에서 제외(실격)
위생모	흰색	1개	
위생복	상의 - 흰색/긴소매, 하의 - 긴바지(색상무관)	1벌	
위생타올	키친타올, 휴지 등 유사품 포함	1장	
위생행주	주방용	1개	
이쑤시개	산적꼬치 등 유사품 포함	1개	
접시	양념접시 등 유사품 포함	1개	
젓가락	-	1개	
종이컵	-	1개	
종지	-	1개	
주걱	-	1개	
집게	-	1개	
칼	조리용칼, 칼집 포함	1개	식칼, 과도 사용 가능 (단, 체칼, 필러 등은 기능평가에 영향을 미치므로 사용 불가)
호일	-	1개	
후라이팬	원형 또는 사각으로 바닥이 평평하며 특수 모양 성형이 없을 것 (예 오믈렛 팬)	1개	시험장에도 준비되어 있음

※ 지참준비물의 수량은 최소 필요수량이므로 필요시 추가 지참 가능합니다.

※ 지참준비물은 일반적인 조리용을 의미하며 기관명, 이름 등의 표시가 없는 것이어야 합니다.

※ 지참준비물 목록은 시행처 사정에 따라 변경될 수 있으므로 자세한 사항은 큐넷 홈페이지를 참고하시길 바랍니다.
※ 시험장 준비물

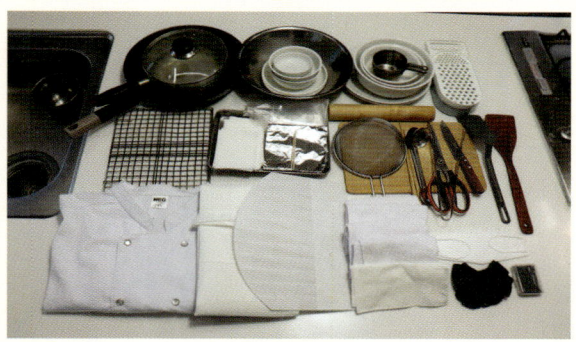

02 수험자 공통 유의사항

1) 만드는 순서에 유의하며, 위생과 숙련된 기능평가를 위하여 조리작업 시 맛을 보지 않습니다.
2) 지정된 수험자 지참준비물 이외의 조리기구나 재료를 시험장 내에 지참할 수 없습니다.
3) 지급재료는 시험 전 확인하여 이상이 있을 경우 시험위원으로부터 조치를 받고 시험 중에는 재료의 교환 및 추가지급은 하지 않습니다.
4) 요구사항 및 지급재료의 규격은 "정도"의 의미를 포함하며, 재료의 크기에 따라 가감하여 채점됩니다.
5) 위생복, 위생모, 앞치마, 마스크를 착용하여야 하며, 시험장비·조리기구 취급 등 안전에 유의합니다.
6) 다음 사항은 실격에 해당하여 채점 대상에서 제외됩니다.
    가) 수험자 본인이 시험 도중 시험에 대한 포기 의사를 표현하는 경우
    나) 위생복, 위생모, 앞치마, 마스크를 착용하지 않은 경우
    다) 시험시간 내에 과제 두 가지를 제출하지 못한 경우
    라) 문제의 요구사항대로 과제의 수량이 만들어지지 않은 경우
    마) 완성품을 요구사항의 과제(요리)가 아닌 다른 요리(예 달걀말이 → 달걀찜)로 만든 경우
    바) 불을 사용하여 만든 조리작품이 작품특성에 벗어나는 정도로 타거나 익지 않은 경우
    사) 해당 과제의 지급재료 이외 재료를 사용하거나, 요구사항의 조리기구(석쇠 등)로 완성품을 조리하지 않은 경우
    아) 지정된 수험자 지참준비물 이외의 조리기술에 영향을 줄 수 있는 기구를 사용한 경우
    자) 가스레인지 화구 2개 이상(2개 포함) 사용한 경우
    차) 시험 중 시설·장비(칼, 가스레인지 등) 사용 시 시험위원 및 타수험자의 시험 진행에 위해를 일으킬 것으로 시험위원 전원이 합의하여 판단한 경우
    카) 요구사항에 표시된 실격 및 부정행위에 해당하는 경우
7) 항목별 배점은 위생상태 및 안전관리 5점, 조리기술 30점, 작품의 평가 15점입니다.
8) 시험시작 전 가벼운 몸 풀기(스트레칭) 동작으로 긴장을 풀고 시험을 시작합니다.

한식조리기능사 실기 시험안내

03 세부기준 안내

구분	세부기준
위생복 상의	• 전체 흰색, 손목까지 오는 긴소매 　– 조리과정에서 발생 가능한 안전사고(화상 등) 예방 및 식품위생(체모 유입방지, 오염도 확인 등) 관리를 위한 기준 적용 　– 조리과정에서 편의를 위해 소매를 접어 작업하는 것은 허용 　– 부직포, 비닐 등 화재에 취약한 재질이 아닐 것, 팔토시는 긴팔로 불인정 • 상의 여밈은 위생복에 부착된 것이어야 하며 벨크로(일명 찍찍이), 단추 등의 크기, 색상, 모양, 재질은 제한하지 않음(단, 핀 등 별도 부착한 금속성은 제외)
위생복 하의	• 색상·재질 무관, 안전과 작업에 방해가 되지 않는 발목까지 오는 긴바지 　– 조리기구 낙하, 화상 등 안전사고 예방을 위한 기준 적용
위생모	• 전체 흰색, 빈틈이 없고 바느질 마감처리가 되어 있는 일반 조리장에서 통용되는 위생모[모자의 크기, 길이, 모양, 재질(면·부직포 등)은 무관]
앞치마	• 전체 흰색, 무릎 아래까지 덮이는 길이 　– 상하일체형(목끈형) 가능, 부직포·비닐 등 화재에 취약한 재질이 아닐 것
마스크 (입가리개)	• 침액을 통한 위생상의 위해 방지용으로 종류는 제한하지 않음(단, 감염병 예방법에 따라 마스크 착용 의무화 기간에는 '투명 위생 플라스틱 입가리개'는 마스크 착용으로 인정하지 않음)
위생화 (작업화)	• 색상 무관, 굽이 높지 않고 발가락·발등·발뒤꿈치가 덮여 안전사고를 예방할 수 있는 깨끗한 운동화 형태
장신구	• 일체의 개인용 장신구 착용 금지(단, 위생모 고정을 위한 머리핀 허용)
두발	• 단정하고 청결할 것, 머리카락이 길 경우 흘러내리지 않도록 머리망을 착용하거나 묶을 것
손 / 손톱	• 손에 상처가 없어야 하나, 상처가 있을 경우 보이지 않도록 할 것(시험위원 확인하에 추가 조치 가능) • 손톱은 길지 않고 청결하며 매니큐어, 인조손톱 등을 부착하지 않을 것
폐식용유 처리	• 사용한 폐식용유는 시험위원이 지시하는 적재장소에 처리할 것
교차오염	• 교차오염 방지를 위한 칼, 도마 등 조리기구 구분 사용은 세척으로 대신하여 예방할 것 • 조리기구에 이물질(예 테이프)을 부착하지 않을 것
위생관리	• 재료, 조리기구 등 조리에 사용되는 모든 것은 위생적으로 처리하여야 하며, 조리용으로 적합한 것일 것
안전사고 발생처리	• 칼 사용(손 빔) 등으로 안전사고 발생 시 응급조치를 하여야 하며, 응급조치에도 지혈이 되지 않을 경우 시험진행 불가
눈금표시 조리도구	• 눈금표시된 조리기구 사용 허용(실격 처리되지 않음, 2022년부터 적용)(단, 눈금표시에 재어가며 재료를 써는 조리작업은 조리기술 및 숙련도 평가에 반영)
부정 방지	• 위생복, 조리기구 등 시험장 내 모든 개인물품에는 수험자의 소속 및 성명 등의 표식이 없을 것(위생복의 개인 표식 제거는 테이프로 부착 가능)
테이프 사용	• 위생복 상의, 앞치마, 위생모의 소속 및 성명을 가리는 용도로만 허용

※ 위 내용은 식품안전관리인증기준(HACCP) 평가(심사) 매뉴얼, 위생등급 가이드라인 평가기준 및 시행상의 운영사항을 참고하여 작성된 기준입니다.

04 위생상태 및 안전관리에 대한 채점기준 안내

위생 및 안전 상태	채점기준
1. 위생복(상/하의), 위생모, 앞치마, 마스크 중 한 가지라도 미착용한 경우 2. 평상복(흰티셔츠, 와이셔츠), 패션모자(흰털모자, 비니, 야구모자) 등 기준을 벗어난 위생복장을 착용한 경우	실격 (채점대상 제외)

3. 위생복(상/하의), 위생모, 앞치마, 마스크를 착용하였더라도
  • 무늬가 있거나 유색의 위생복 상의·위생모·앞치마를 착용한 경우
  • 흰색의 위생복 상의·앞치마를 착용하였더라도 부직포, 비닐 등 화재에 취약한 재질의 복장을 착용한 경우
  • 팔꿈치가 덮이지 않는 짧은 팔의 위생복을 착용한 경우
  • 위생복 하의의 색상, 재질은 무관하나 짧은 바지, 통이 넓은 힙합스타일바지, 타이츠, 치마 등 안전과 작업에 방해가 되는 복장을 착용한 경우
  • 위생모가 뚫려있어 머리카락이 보이거나, 수건 등으로 감싸 바느질 마감처리가 되어있지 않고 풀어지기 쉬워 일반 조리장용으로 부적합한 경우
4. 위생복(상/하의), 위생모, 앞치마, 마스크, 조리기구에 수험자의 소속이나 성명이 있는 경우
5. 이물질(예 테이프) 부착 등 식품위생에 위배되는 조리기구를 사용한 경우
  ※ 위생복 테이프 부착은 식품위생 위배 조리기구에 해당하지 않음
	'위생상태 및 안전관리'
	점수 전체 0점

6. 위생복(상/하의), 위생모, 앞치마, 마스크를 착용하였더라도
  • 위생복 상의가 팔꿈치를 덮기는 하나 손목까지 오는 긴소매가 아닌 위생복(팔토시 착용은 긴소매로 불인정), 실험복 형태의 긴가운, 핀 등 금속을 별도 부착한 위생복을 착용하여 세부기준을 준수하지 않았을 경우
  • 테두리선, 칼라, 위생모 짧은 창 등 일부 유색의 위생복 상의·위생모·앞치마를 착용한 경우(테이프 부착 불인정)
  • 위생복 하의가 발목까지 오지 않는 8부 바지
7. 위생화(작업화), 장신구, 두발, 손/손톱, 폐식용유 처리, 안전사고 발생 처리 등 '위생상태 및 안전관리 세부기준'을 준수하지 않았을 경우
8. '위생상태 및 안전관리 세부기준' 이외에 위생과 안전을 저해하는 기타사항이 있을 경우
	'위생상태 및 안전관리'
	점수 일부 감점

※ 위 기준에 표시되어 있지 않으나 일반적인 개인위생, 식품위생, 주방위생, 안전관리를 준수하지 않았을 경우 감점처리될 수 있습니다.
※ 수도자의 경우 제복 + 위생복 상의/하의, 위생모, 앞치마, 마스크 착용 허용

계량 도구 및 계량법

01 계량 단위

한국식 표기	영문 표기	치환 단위	비고
1컵	1C	1C = 13TS + 1ts	–
1큰술	1Table Spoon	1TS = 3ts	1TS = 15ml = 15cc
1작은술	1tea spoon	–	1ts = 5ml = 5cc

02 계량 도구

① 전자저울: 중량을 측정하며, g/kg로 나타낸다.
② 계량컵
  • 부피를 측정하며 200ml, 500ml 등 다양한 용량의 계량컵이 있다.
  • 재질은 스테인리스와 유리, PP 재질 등이 사용되며 액체 계량 시엔 투명한 컵이 편리하다.
③ 계량스푼: 조미료의 부피를 측정하며, 큰술(TS)과 작은술(ts)로 표시한다.

03 계량법

① 장류 계량법

올바른 계량	잘못된 계량
숟가락으로 가득 떠서 위로 올라온 부분을 젓가락으로 깎아 평평하게 만든다.	숟가락 위로 올라오면 잘못된 계량이다.

② 가루류 계량법

올바른 계량	잘못된 계량
숟가락으로 누르지 않고 수북히 떠서 윗면을 젓가락으로 깎아 평평하게 만든다.	숟가락으로 꾹꾹 눌러 수북하게 담아내면 잘못된 계량이다.

재료 손질법

반달썰기		무, 애호박 등 원통형 채소를 세로로 반 가른 뒤 반달 모양으로 써는 방법
어슷썰기		고추, 대파 등의 채소를 대각선으로 비스듬히 써는 방법
편 썰기		식재료를 일정한 두께로 납작하게 써는 방법
나박썰기		무 등을 두께 0.2~0.3cm, 폭 3~4cm의 얇고 넓은 사각형으로 써는 방법
다지기		파, 마늘, 생강 등을 칼로 잘게 썰어 곱게 만드는 방법

박문각
한식조리기능사 실기 | 기본서

한식조리기능사 실기 과제

33가지 과제 중 **2가지**가 선정됩니다.
주어진 시간 내에 **2가지**를 만들어 제출하세요.

Section 01

도라지생채

15분
시험시간

요구사항

주어진 재료를 사용하여 다음과 같이 도라지생채를 만드시오.
1. 도라지는 0.3cm × 0.3cm × 6cm로 썰어 사용하시오.
2. 생채는 고추장과 고춧가루 양념으로 무쳐 제출하시오.

빈출 조합

- 비빔밥(50분)
- 칠절판(40분)
- 잡채(35분)
- 화양적(35분)

실제 크기 확인

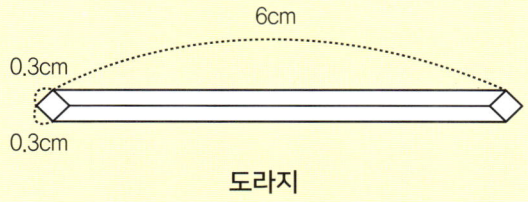

도라지

지급재료 목록

지급재료

- □ 통도라지(껍질 있는 것) 3개
- □ 소금(정제염) 5g
- □ 고추장 20g
- □ 흰설탕 10g
- □ 식초 15mL
- □ 대파(흰 부분 4cm) 1토막
- □ 마늘(중, 깐 것) 1쪽
- □ 깨소금 5g
- □ 고춧가루 10g

양념장 고추장 1큰술, 고춧가루 1큰술, 설탕 1작은술, 식초 1작은술, 깨소금, 다진 파·마늘

▶ 지급된 재료의 상태, 수량을 꼼꼼히 확인해주세요.
▶ 도라지 윗부분을 잘라 단면을 확인하고, 상해있다면 교환을 요청합니다.

만드는 과정

1. 도라지를 흐르는 물에 세척하며 잔뿌리를 제거한 후, 6cm 길이로 재단하고 칼로 껍질을 돌려 깎는다.

2. 도라지를 0.3cm 두께로 편 썰고, 일정한 두께로 가늘게 채 썬 후 소금물(물 1.5컵 + 소금 깎아서 1큰술)에 절인다.

3. 파, 마늘을 곱게 다진 후, 고추장 1큰술, 고춧가루 1큰술, 설탕 1작은술, 식초 1작은술, 깨소금, 다진 파·마늘을 넣어 양념장을 만든다.

4. 절인 도라지를 흐르는 물에 여러 번 헹구어 소금기를 제거한 뒤, 마른행주나 면보 위에 올려 수분을 꼼꼼히 제거한다.

5. 도라지를 볼에 담고, 만들어둔 양념장을 절반 정도 넣어 버무린다.

   Tip 도라지를 양념장에 버무릴 땐 양념을 한 번에 다 넣지 말고, 반 정도 넣어 버무린 뒤 모자라면 조금씩 추가한다.

6. 완성 접시에 도라지생채를 정갈하게 돌려 담아 마무리한다.

- 생채류는 반드시 제출 직전에 버무려야 물이 생기지 않습니다.
- 도라지의 단면 상태를 가장 먼저 확인하여 문제가 있다면 교환을 요청합니다.
- 도라지 세척 시 이물질이 나오지 않도록 꼼꼼하게 세척합니다.

Section 02

무생채

15분
시험시간

요구사항

주어진 재료를 사용하여 다음과 같이 무생채를 만드시오.

1. 무는 0.2cm × 0.2cm × 6cm로 썰어 사용하시오.
2. 생채는 고춧가루를 사용하시오.
3. 무생채는 70g 이상 제출하시오.

빈출 조합

- 비빔밥(50분)
- 칠절판(40분)
- 화양적(35분)

실제 크기 확인

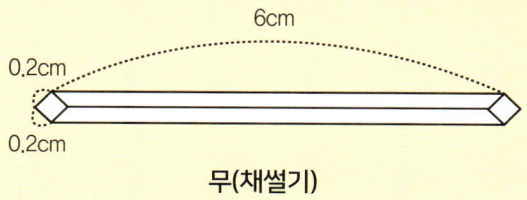

무(채썰기)

지급재료 목록

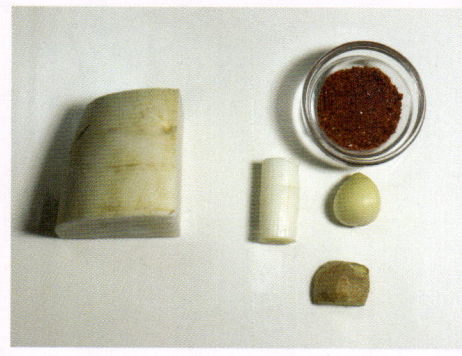

지급재료

- ☐ 무(길이 7cm) 120g
- ☐ 대파(흰 부분, 4cm) 1토막
- ☐ 마늘(중, 깐 것) 1쪽
- ☐ 생강 5g
- ☐ 소금(정제염) 5g
- ☐ 고춧가루 10g
- ☐ 흰설탕 10g
- ☐ 식초 5mL
- ☐ 깨소금 5g

양념장 소금 1/4작은술, 설탕 1작은술, 식초 1작은술, 깨소금, 다진 파·마늘·생강

▶ 지급된 재료의 상태, 수량을 꼼꼼히 확인해주세요.

만드는 과정

1. 무를 6cm 길이에 맞춰 재단한 후, 껍질을 돌려 깎는다.

2. 무를 0.2cm 두께로 일정하게 채 썬다.

3. 파, 마늘, 생강을 곱게 다진다.

   Tip 생강은 섬유질이 많아 마늘보다 더 곱게 다져야 한다.

4. 고춧가루를 체에 내려 고운 고춧가루를 낸 후, 무채에 넣고 버무려 1차로 색을 물들인다.

5. 무채에 소금 1/4작은술, 설탕 1작은술, 식초 1작은술, 깨소금, 다진 파·마늘·생강을 넣어 양념한다.

6. 무생채를 손으로 고르게 버무린 후, 손으로 둥글게 므아 잡아 2~3번에 나누어 완성 접시에 담는다.

- 생채류는 반드시 제출 직전에 버무려야 물이 생기지 않습니다.
- 무생채에 고춧가루로 색을 낼 땐, 조금씩 넣어가며 너무 진하게 나오지 않도록 조절합니다.

Section 03

더덕생채

20분
시험시간

요구사항

주어진 재료를 사용하여 다음과 같이 더덕생채를 만드시오.

1. 더덕은 5cm로 썰어 두들겨 편 후 찢어서 쓴맛을 제거하여 사용하시오.
2. 고춧가루로 양념하고, 전량 제출하시오.

빈출 조합

- 비빔밥(50분)
- 칠절판(40분)
- 잡채(35분)
- 지짐누름적(35분)
- 제육구이(30분)

실제 크기 확인

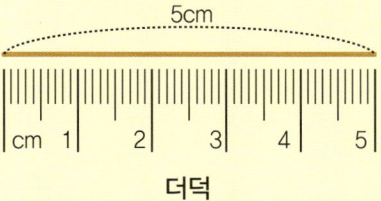

더덕

지급재료 목록

지급재료

- ☐ 통더덕(껍질 있는 것, 길이 10~15cm) 2개
- ☐ 마늘(중, 깐 것) 1쪽
- ☐ 흰설탕 5g
- ☐ 식초 5mL
- ☐ 대파(흰 부분, 4cm) 1토막
- ☐ 소금(정제염) 5g
- ☐ 깨소금 5g
- ☐ 고춧가루 20g

양념장 설탕 1작은술, 소금 1/2작은술, 식초 1작은술, 깨소금, 다진 파·마늘

▶ 지급된 재료의 상태, 수량을 꼼꼼히 확인해주세요.
▶ 더덕 윗부분을 잘라 단면을 확인하고, 상해있다면 교환을 요청합니다.

만드는 과정

1. 더덕을 흐르는 물에 세척하고, 5cm 길이로 재단한 후, 껍질을 옆으로 돌려 깎는다.

   Tip 세척 시 주름 사이 낀 흙도 꼼꼼하게 제거한다.

2. 더덕을 0.5cm 두께로 편 썰고, 소금물(물 1컵 + 소금 3큰술)에 절인다.

3. 파와 마늘을 곱게 다진다.

4. 절인 더덕을 물에 헹군 뒤, 마른행주 위에 간격을 두고 가지런히 올려 수분을 제거한다.

   Tip 이때 더덕의 껍질 부분이 아래쪽으로 가도록 둔다.

5. 행주를 반 접어 더덕을 덮은 뒤 밀대로 힘을 주어 여러 차례 밀어 펴고, 행주를 펼쳐 밀대 끝부분으로 두드려 조직을 편 다음, 다시 한번 밀대로 얇게 편다.

   Tip 밀대의 방향은 더덕의 결 방향과 직각이 되어야 더덕이 부서지지 않는다.

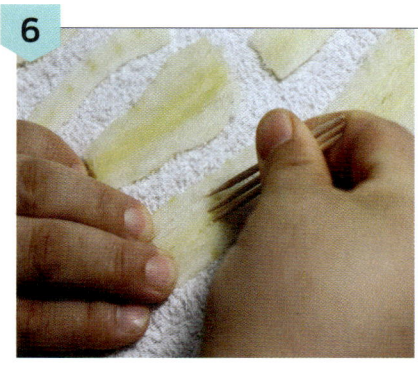

6. 이쑤시개 세 개를 한 번에 잡고 더덕의 결 방향으로 쓸어올려 얇게 찢는다. 굵은 부분은 손으로 더 찢어 두께를 균일하게 맞춘다.

7. 고춧가루를 체에 내려 고운 고춧가루를 내고, 더덕채에 넣어 먼저 색을 낸다.

8. 설탕 1작은술, 소금 1/2작은술, 식초 1작은술, 깨소금, 다진 파·마늘을 넣어 버무린 후 완성 접시에 담아 마무리한다.

- 생채류는 반드시 제출 직전에 버무려야 물이 생기지 않습니다.
- 더덕 손질 시 단면 부분에서 나오는 진액은 만지지 않는 것이 좋고, 진액이 많이 나올수록 신선한 더덕입니다.
- 진액은 지용성으로 키친타월에 식용유를 묻혀 닦으면 잘 닦입니다.
- 더덕을 밀대로 밀거나 두드릴 때 너무 강하게 힘을 주면 부서지기 쉽습니다.

Section 04

두부젓국찌개

시험시간 20분

요구사항

주어진 재료를 사용하여 다음과 같이 두부젓국찌개를 만드시오.

1. 두부는 2cm × 3cm × 1cm로 써시오.
2. 홍고추는 0.5cm × 3cm, 실파는 3cm 길이로 써시오.
3. 소금과 다진 새우젓의 국물로 간하고, 국물을 맑게 만드시오.
4. 찌개의 국물은 200mL 이상 제출하시오.

빈출 조합

- 제육구이(30분)
- 생선양념구이(30분)
- 잡채(35분)
- 화양적(35분)

실제 크기 확인

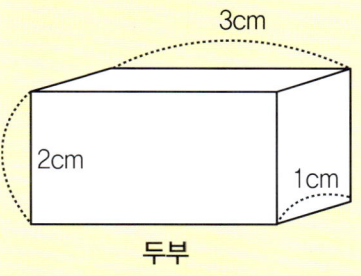
두부

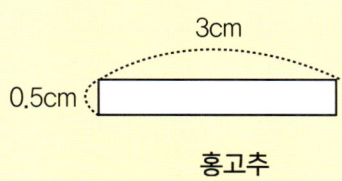
홍고추

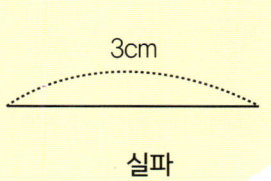
실파

지급재료 목록

지급재료

- ☐ 두부 100g
- ☐ 생굴(껍질 벗긴 것) 30g
- ☐ 실파(1뿌리) 20g
- ☐ 홍고추(생) 1/2개
- ☐ 새우젓 10g
- ☐ 마늘(중, 깐 것) 1쪽
- ☐ 참기름 5mL
- ☐ 소금(정제염) 5g

▶ 지급된 재료의 상태, 수량을 꼼꼼히 확인 후, 꼼꼼히 세척합니다.

만드는 과정

1. 굴은 소금을 이용하여 세척한다.

   Tip 굴을 소금에 씻을 땐 흐르는 물에 살살 헹궈야 터지지 않는다.

2. 두부는 2cm × 3cm × 1cm 크기의 직사각형 모양으로 썬 후, 물에 담가 부스러기 등 지저분한 것을 제거한다.

3. 실파는 3cm로 재단하여 썰고, 마늘은 곱게 다진다.

 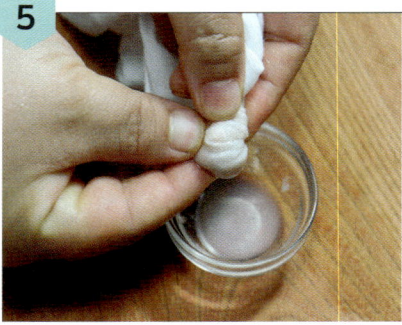

4. 홍고추는 반을 갈라 씨를 제거한 후 0.5cm × 3cm 크기로 썬다.

5. 새우젓은 칼로 곱게 다진 뒤, 젖은 면보에 감싸 꼭 짜서 새우젓 국물을 만든다.

6. 냄비에 물 2.5컵과 새우젓, 굴을 넣고 끓인다.

7. 굴이 반 정도 익으면 두부와 마늘을 넣고, 이후 두부가 떠오르면 홍고추, 실파, 소금, 참기름을 넣는다.

Tip 끓이는 도중 거품이 뜨면 수저로 제거한다.

8. 완성 그릇에 건더기를 먼저 보기 좋게 담고, 국물의 양이 200mL가 넘을 수 있도록 담는다.

- 완성작에 국물을 담기 전에 잠시 두어 불순물이 가라앉게 한 뒤, 위 쪽의 맑은 국물만 떠서 담아줍니다.
- 두부와 굴을 오래 끓이거나 센불로 끓이면 국물이 탁해질 수 있습니다.

Section 05

북어구이

20분
시험시간

요구사항

주어진 재료를 사용하여 다음과 같이 북어구이를 만드시오.

1. 구워진 북어의 길이는 5cm로 하시오.
2. 유장으로 초벌구이하고, 고추장 양념으로 석쇠에 구우시오.
3. 완성품은 3개를 제출하시오.
   (단, 세로로 잘라 3/6토막 제출할 경우 수량 부족으로 실격 처리됩니다.)

빈출 조합

- 탕평채(35분)
- 미나리강회(35분)
- 완자탕(30분)
- 오징어 볶음(30분)

실제 크기 확인

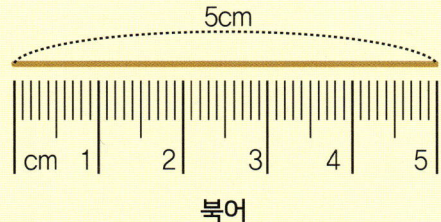

북어

지급재료 목록

지급재료

- □ 북어포(반을 갈라 말린 껍질이 있는 것, 40g) 1마리
- □ 진간장 20mL
- □ 대파(흰 부분, 4cm) 1토막
- □ 마늘(중, 깐 것) 2쪽
- □ 고추장 40g
- □ 흰설탕 10g
- □ 깨소금 5g
- □ 참기름 15mL
- □ 검은후춧가루 2g
- □ 식용유 10mL

양념장 고추장 3큰술, 설탕 2큰술, 진간장 1작은술, 후추, 깨소금, 참기름, 다진 파·마늘
유장 참기름 1큰술, 진간장 1작은술

▶ 지급된 재료의 상태, 수량을 꼼꼼히 확인해주세요.

만드는 과정

1. 북어 머리 부분을 가위로 잘라 제거하고, 북어를 비롯한 모든 식재료를 흐르는 물에 깨끗이 세척한다.

2. 세척한 북어는 젖은 면보에 감싸 마르지 않게 둔다.

   북어의 껍질이 아래쪽으로 가도록 두면 수분 증발을 방지할 수 있어요.

3. 파, 마늘을 곱게 다진 후, 고추장 3큰술, 설탕 2큰술, 간장 1작은술, 후추, 깨소금, 참기름, 다진 파·마늘을 넣어 양념장을 만든다.

   Tip 파, 마늘은 최대한 곱게 다져야 양념이 쉽게 타지 않는다.

4. 북어 지느러미를 가위로 잘라 제거한 후, 통가시와 잔가시를 칼로 제거한다.

5. 껍질 쪽에 칼끝으로 잔 칼집을 넣은 뒤, 살을 꼬집어 큰 칼집을 넣는다. 이후 머리와 몸통 부분은 6cm, 꼬리 부분은 7cm 길이로 재단한다.

6. 참기름 1큰술, 진간장 1작은술로 유장을 만들어 북어에 골고루 바른 후, 달군 석쇠에 식용유를 발라 코팅하고, 유장을 바른 북어를 올려 초벌한다.

7. 초벌한 북어에 양념장을 골고루 바르고, 석쇠에 올려 타지 않게 재벌한다.

8. 완성 접시에 북어구이를 머리, 몸통, 꼬리 순서로 담아 마무리한다.

Tip 석쇠를 사용한 조리 후에는, 제출 이후 반드시 가스레인지를 세척한다.

- 꼬리 부분은 더 쉽게 수축하기 때문에 칼집을 더 많이 넣어주고, 1cm 가량 깊게 잘라줍니다.
- 석쇠를 달군 뒤, 기름을 꼼꼼하게 발라주세요.

Section 06

오이소박이

20분
시험시간

요구사항

주어진 재료를 사용하여 다음과 같이 오이소박이를 만드시오.

1. 오이는 6cm 길이로 3토막 내시오.
2. 오이에 3~4갈래 칼집을 넣을 때 양쪽 끝이 1cm 남도록 하고, 절여 사용하시오.
3. 소를 만들 때 부추는 1cm 길이로 썰고, 새우젓은 다져 사용하시오.
4. 그릇에 묻은 양념을 이용하여 국물을 만들어 소박이 위에 부어내시오.

빈출 조합

- 미나리강회(35분)
- 화양적(35분)
- 완자탕(30분)
- 장국죽(30분)

실제 크기 확인

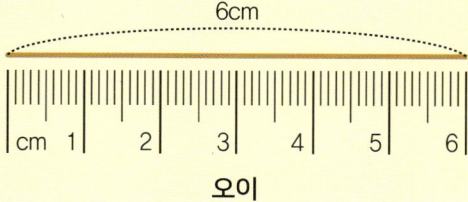

오이

지급재료 목록

지급재료

- ☐ 오이(가는 것, 20cm 정도) 1개
- ☐ 부추 20g
- ☐ 새우젓 10g
- ☐ 고춧가루 10g
- ☐ 대파(흰 부분, 4cm 정도) 1토막
- ☐ 마늘(중, 깐 것) 1쪽
- ☐ 생강 10g
- ☐ 소금(정제염) 50g

양념 고춧가루 1.5큰술, 새우젓 1큰술, 물 1큰술, 다진 파·마늘·생강, 소금, 부추

▶ 지급된 재료의 상태, 수량을 꼼꼼히 확인해주세요.
▶ 재료를 깨끗이 세척해줍니다. 오이는 소금을 이용하여 흐르는 물에 세척합니다.

만드는 과정

1. 오이는 줄어드는 것을 감안하여 6.5cm 길이로 자르고, 과도나 식도의 끝을 이용하여 3~4갈래 칼집을 넣어주되 양 끝 1cm를 남겨둔다.

이때 오이가 완전히 잠기지 않는다면 소금물을 추가로 만들어 부어주세요.

2. 소금물(물 1.5컵 + 소금 2큰술)에 오이를 담가 절인다.

3. 부추는 1cm로 송송 썰고, 파, 마늘, 생강, 새우젓은 칼로 곱게 다진다.

4. 고춧가루 1.5큰술, 새우젓 1큰술, 물 1큰술, 다진 파·마늘·생강, 소금을 넣어 양념을 만들고 부추를 섞는다.

5. 절여진 오이는 흐르는 물에 여러 번 헹궈 소금기를 씻어준 후, 오이가 잘 절여졌는지 확인한다.

Tip 양쪽 끝을 눌렀을 때 칼집이 옆으로 벌어지면 잘 절여진 상태이다.

6. 칼집을 넣은 곳에 젓가락을 이용해 양념 소를 채워 넣는다.

7. 남은 양념에 물 2큰술과 소금 1/2작은술을 넣어 김치국물을 만들고, 완성 접시에 오이소박이를 올린 뒤 국물을 끼얹는다.

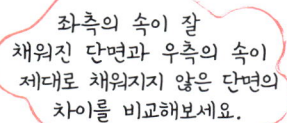

[단면 참고용]

좌측의 속이 잘 채워진 단면과 우측의 속이 제대로 채워지지 않은 단면의 차이를 비교해보세요.

- 부추를 일찍 양념에 무치면 풋내가 나고 물이 생기므로 가볍게 버무려 주세요.
- 반으로 잘라 칼집 사이에 양념이 잘 들어갔는지 단면을 확인해봅니다.
- 오이는 줄어드는 것을 감안하여 6.5cm 정도로 넉넉하게 재단해야 완성했을 때 6cm가 나오게 됩니다.

Section 07

육원전

20분
시험시간

요구사항

주어진 재료를 사용하여 다음과 같이 육원전을 만드시오.

1. 육원전은 지름 4cm, 두께 0.7cm가 되도록 하시오.
2. 달걀은 흰자, 노른자를 혼합하여 사용하시오.
3. 육원전은 6개를 제출하시오.

빈출 조합

- 겨자채(35분)
- 미나리강회(35분)
- 겨자채(35분)
- 더덕구이(30분)

실제 크기 확인

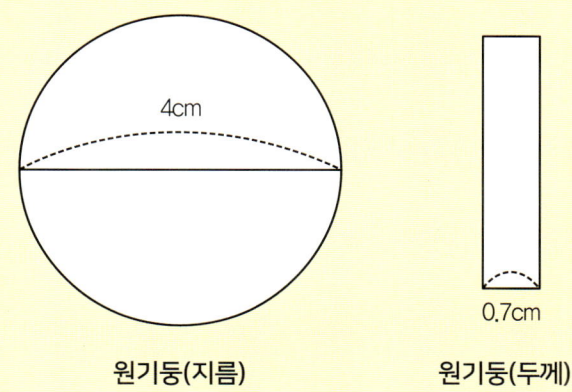

원기둥(지름)   원기둥(두께)

지급재료 목록

지급재료

- □ 소고기(살코기) 70g
- □ 두부 30g
- □ 밀가루(중력분) 20g
- □ 달걀 1개
- □ 대파(흰 부분, 4cm) 1토막
- □ 검은후춧가루 2g
- □ 참기름 5mL
- □ 소금(정제염) 5g
- □ 마늘(중, 깐 것) 1쪽
- □ 식용유 30mL
- □ 깨소금 5g
- □ 흰설탕 5g

소 양념 다진 파·마늘, 소금, 설탕, 후추, 깨소금, 참기름

▶ 지급된 재료의 상태, 수량을 꼼꼼히 확인해주세요.
▶ 재료를 깨끗이 세척해줍니다. 소고기는 키친타월로 핏물을 제거해주세요.

만드는 과정

1. 파와 마늘은 곱게 다지고, 두부는 수분을 제거한 후 칼 옆면으로 으깨어 가며 다진다.

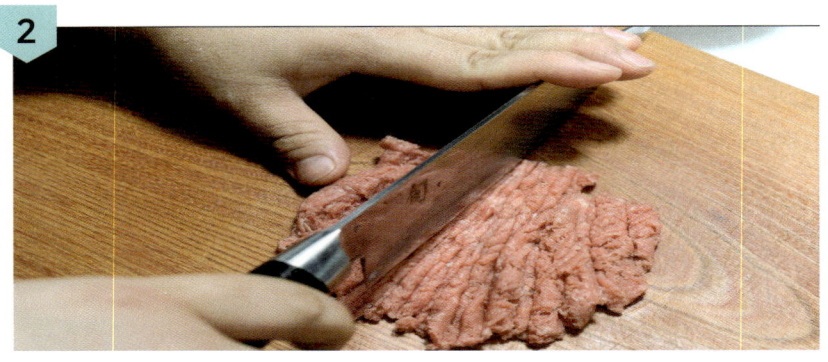

2. 핏물을 제거한 소고기는 포 뜨기 - 채 썰기 - 다지기 순서로 곱게 다진다.

3. 볼에 다진 소고기와 파·마늘, 으깬 두부, 소금, 설탕, 후추, 깨소금, 참기름을 넣고 손으로 골고루 치대어 찰기가 생길 때까지 반죽한다.

4. 고기가 붙지 않도록 도마에 호일을 깔고, 지름 4.5cm, 두께 0.7cm의 동전 모양으로 완자 6개를 만든다.

5. 완자 겉면에 밀가루를 충분히 묻히고, 너무 두껍지 않게 잘 털어준 뒤 모양을 잡는다.

6. 달걀을 풀어 완자 겉면에 달걀물을 입힌 뒤, 기름을 두른 팬에 올려 약불로 속까지 충분히 익힌다.

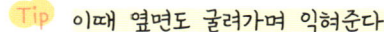
Tip 이때 옆면도 굴려가며 익혀준다.

7. 표면이 예쁘지 않은 부분은 남은 달걀물을 살짝 올려 조금 더 익힌 후, 완성 접시에 육원전을 정갈하게 담아 마무리한다.

- 달걀물은 흰자와 노른자를 1:1의 비율로 섞어주면 색이 더 곱게 나옵니다.
- 전을 익힐 때 겉면에는 색이 나지 않아야 하고, 속은 완전히 익어야 하기 때문에 불 조절에 주의합니다.

Section 08

육회

20분
시험시간

요구사항

주어진 재료를 사용하여 다음과 같이 육회를 만드시오.

1. 소고기는 0.3cm × 0.3cm × 6cm로 썰어 소금 양념으로 하시오.
2. 배는 0.3cm × 0.3cm × 5cm로 변색되지 않게 하여 가장자리에 돌려 담으시오.
3. 마늘은 편으로 썰어 장식하고 잣가루를 고명으로 얹으시오.
4. 소고기는 손질하여 전량 사용하시오.

빈출 조합

- 화양적(35분)
- 지짐누름적(35분)
- 콩나물밥(30분)
- 제육구이(30분)

실제 크기 확인

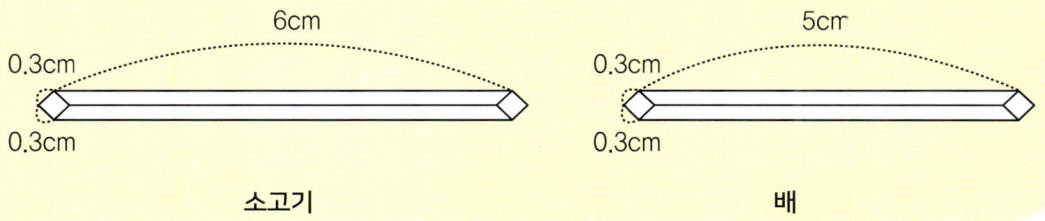

소고기   배

지급재료 목록

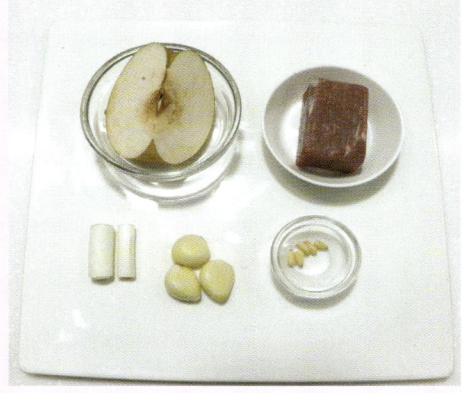

지급재료

- ☐ 소고기(살코기) 90g
- ☐ 배(중, 100g) 1/4개
- ☐ 잣(깐 것) 5개
- ☐ 소금(정제염) 5g
- ☐ 마늘(중, 깐 것) 3쪽
- ☐ 대파(흰 부분, 4cm) 2토막
- ☐ 검은후춧가루 2g
- ☐ 참기름 10mL
- ☐ 흰설탕 30g
- ☐ 깨소금 5g

양념 설탕 1작은술, 소금 1/3작은술, 참기름 1작은술, 후추, 깨소금, 다진 파·마늘

▶ 지급된 재료의 상태, 수량을 꼼꼼히 확인해주세요.
▶ 재료를 깨끗이 세척합니다.

만드는 과정

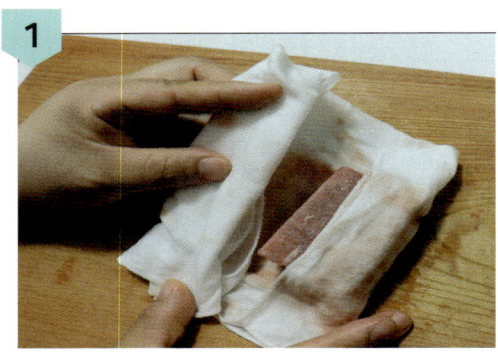

소고기는 손질 전 젖은 면보에 감싸두면 색상을 보존할 수 있어요.

1. 소고기는 젖은 면보로 감싸 핏물을 제거한다.

2. 배는 껍질을 벗겨 5cm × 0.4cm로 채 썰어 설탕물에 담가 놓는다.

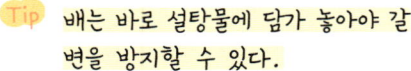 배는 바로 설탕물에 담가 놓아야 갈변을 방지할 수 있다.

3. 마늘 2개는 편으로 썰고, 남은 마늘과 파는 곱게 다진다.

4. 키친타월에 감싼 잣을 밀대로 밀어 으깨고 잣가루를 만든다.

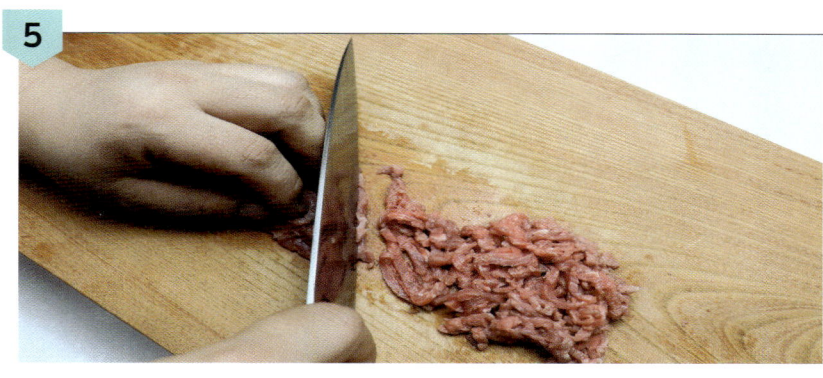

5. 소고기는 결 반대 방향으로 0.3cm × 0.3cm × 6cm 크기로 채 썬다.

   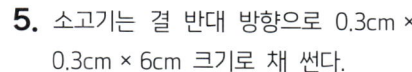 지급된 고기의 길이가 충분하지 않다면 어슷하게 썰어서 길이를 맞춘다.

6. 설탕 1작은술, 소금 1/3작은술, 참기름 1작은술, 후추, 깨소금, 다진 파·마늘을 넣고 만든 양념을 소고기에 넣고 버무린다.

   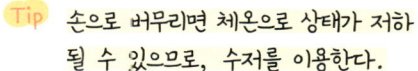 손으로 버무리면 체온으로 상태가 저하될 수 있으므로, 수저를 이용한다.

7. 완성 접시에 수분을 제거한 배를 돌려 담고, 중앙에 양념한 소고기를 공 모양으로 만들어 올린다.

8. 편 썬 마늘을 소고기 주변으로 돌려 담고, 고기 위에 다진 잣가루를 고명으로 올려 마무리한다.

- 고기에 양념을 미리 해두면 색이 변할 수 있으므로 제출 직전 버무려야 합니다.

Section 09

표고전

20분
시험시간

요구사항

주어진 재료를 사용하여 다음과 같이 표고전을 만드시오.

1. 표고버섯과 속은 각각 양념하여 사용하시오.
2. 표고전은 5개를 제출하시오.

빈출 조합

- 겨자채(35분)
- 미나리강회(35분)
- 겨자채(35분)
- 오징어 볶음(30분)

지급재료 목록

지급재료

- ☐ 건표고버섯(지름 2.5~4cm, 부서지지 않은 것을 지급) 5개
- ☐ 소고기(살코기) 30g
- ☐ 두부 15g
- ☐ 밀가루(중력분) 20g
- ☐ 달걀 1개
- ☐ 대파(흰 부분, 4cm) 1토막
- ☐ 검은후춧가루 1g
- ☐ 참기름 5mL
- ☐ 소금(정제염) 5g
- ☐ 깨소금 5g
- ☐ 마늘(중, 깐 것) 1쪽
- ☐ 식용유 20mL
- ☐ 진간장 5mL
- ☐ 흰설탕 5g

소 양념 다진 파·마늘, 소금, 설탕, 후추, 깨소금, 참기름
표고버섯 양념 진간장 1작은술, 설탕 1/2작은술, 참기름 1/2작은술

▶ 지급된 재료의 상태, 수량을 꼼꼼히 확인해주세요.
▶ 재료를 깨끗이 세척해줍니다. 소고기는 키친타월로 핏물을 제거해주세요.

만드는 과정

1. 표고버섯은 면보나 행주로 물기를 제거하고, 기둥을 제거한다.

   Tip 표고의 물기는 꼼꼼히 제거해주어야 한다.

2. 파와 마늘은 곱게 다지고, 두부는 수분을 제거한 후 칼 옆면으로 으깨어 가며 다진다.

3. 핏물을 제거한 소고기는 포 뜨기 - 채 썰기 - 다지기 순서로 곱게 다진다.

4. 볼에 다진 소고기와 파·마늘, 으깬 두부, 소금, 설탕, 후추, 깨소금, 참기름을 넣고 손으로 골고루 치대어 찰기가 생길 때까지 반죽한다.

5. 진간장 1작은술, 설탕 1/2작은술, 참기름 1/2작은술을 넣어 양념을 만들고, 표고 안쪽에 발라준다.

6. 표고 안쪽에 밀가루를 얇게 묻힌 뒤, 양념한 고기 소를 채워 넣고 눌러 평평하게 만든다.

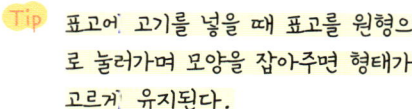 표고에 고기를 넣을 때 표고를 원형으로 눌러가며 모양을 잡아주면 형태가 고르게 유지된다.

이때 꾹꾹 눌러가며 익혀주면 단면이 더 곱게 나와요.

7. 달걀물을 풀어 고기 소가 있는 면에 밀가루 - 달걀물 순서로 묻힌 뒤, 기름을 두른 팬에 약불로 속까지 충분히 익힌다.

8. 표면이 예쁘지 않은 부분은 남은 달걀물을 살짝 올려 조금 더 익힌 후, 완성 접시에 표고전을 정갈하게 담아 마무리한다.

- 달걀물은 흰자와 노른자를 1:1의 비율로 섞어주면 색이 더 곱게 나옵니다.
- 전을 익힐 때 겉면에는 색이 나지 않아야 하고, 속은 완전히 익어야 하기 때문에 불 조절에 주의합니다.

Section 10

홍합초

20분
시험시간

요구사항

주어진 재료를 사용하여 다음과 같이 홍합초를 만드시오.

1. 마늘과 생강은 편으로, 파는 2cm로 써시오.
2. 홍합은 데쳐서 전량 사용하고, 촉촉하게 보이도록 국물을 끼얹어 제출하시오.
3. 잣가루를 고명으로 얹으시오.

빈출 조합

- 칠절판(40분)
- 잡채(35분)
- 섭산적(30분)
- 완자탕(30분)

실제 크기 확인

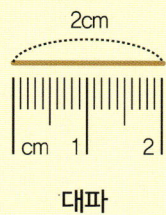

대파

지급재료 목록

지급재료

- □ 생홍합(굵고 싱싱한 것, 껍질 벗긴 것으로 지급) 100g
- □ 대파(흰 부분, 4cm) 1토막
- □ 검은후춧가루 2g
- □ 참기름 5mL
- □ 마늘(중, 깐 것) 2쪽
- □ 진간장 40mL
- □ 생강 15g
- □ 흰설탕 10g
- □ 잣(깐 것) 5개

양념장 물 2큰술, 진간장 1큰술, 설탕 1큰술, 후추, 마늘 편, 생강 편

▶ 지급된 재료의 상태, 수량을 꼼꼼히 확인해주세요.
▶ 재료를 깨끗이 세척해줍니다. 홍합은 물에 흔들어 씻어줍니다.

만드는 과정

1. 가위를 이용하여 홍합 안쪽의 족사를 제거한 후 끓는 물에 홍합을 30초간 데친다.

   Tip 홍합은 너무 오래 익히면 크기가 줄어들고 질겨지므로 주의한다.

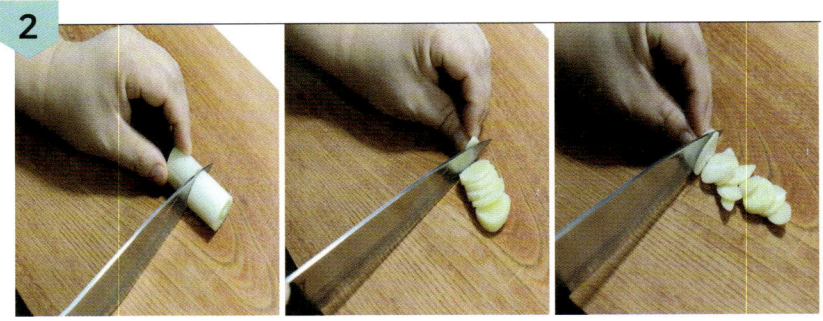

2. 대파는 2cm 길이로 썰고, 마늘과 생강은 편으로 썬다.

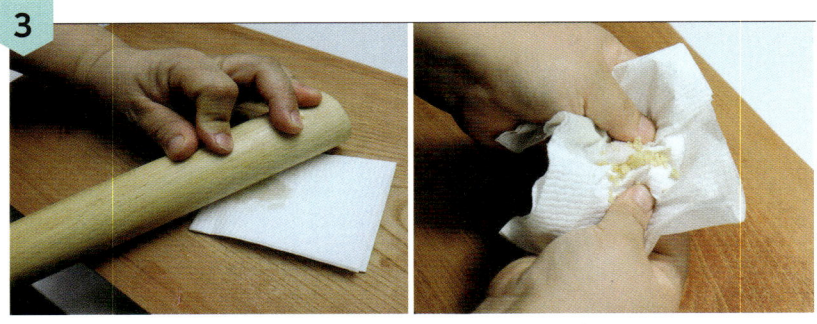

3. 잣은 고깔을 제거하고 키친타월에 감싸 밀대로 밀어 으깬 뒤, 잣가루를 만든다.

4. 냄비에 물 2큰술, 진간장 1큰술, 설탕 1큰술, 후추, 마늘 편, 생강 편을 넣고 끓인다.

5. 국물이 반으로 졸아들면, 홍합과 대파를 넣고 강불에서 졸인다.

6. 국물이 자작해지면 설탕 1/2큰술과 참기름 1/2큰술을 넣는다.

7. 완성 접시에 홍합초를 담고, 국물을 끼얹은 뒤, 잣가루를 고명으로 올려 마무리한다.

- 홍합초에서 가장 중요한 것은 윤기입니다. 국물을 끼얹어가며 졸여주고, 설탕은 처음과 마지막 2회에 나누어 넣어주면 좋습니다.

Section 11

너비아니구이

25분
시험시간

요구사항

주어진 재료를 사용하여 다음과 같이 너비아니구이를 만드시오.

1. 완성된 너비아니는 0.5cm × 4cm × 5cm로 하시오.
2. 석쇠를 사용하여 굽고, 6쪽 제출하시오.
3. 잣가루를 고명으로 얹으시오.

빈출 조합

- 탕평채(35분)
- 지짐누름적(35분)
- 섭산적(30분)
- 오징어 볶음(30분)

실제 크기 확인

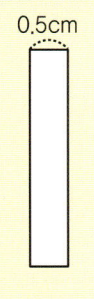
너비아니구이(두께)

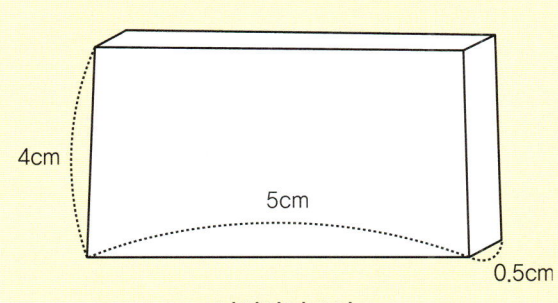
너비아니구이

지급재료 목록

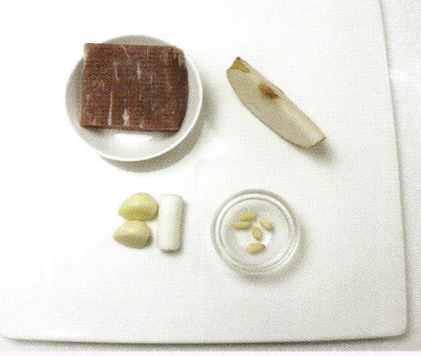

지급재료

- ☐ 소고기(안심 또는 등심, 덩어리로) 100g
- ☐ 진간장 50mL
- ☐ 대파(흰 부분, 4cm) 1토막
- ☐ 마늘(중, 깐 것) 2쪽
- ☐ 검은후춧가루 2g
- ☐ 흰설탕 10g
- ☐ 깨소금 5g
- ☐ 참기름 10mL
- ☐ 배(50g) 1/8개
- ☐ 식용유 10mL
- ☐ 잣(깐 것) 5개

양념장 진간장 1큰술, 설탕 1/2큰술, 참기름 1/2큰술, 깨소금, 다진 파·마늘

▶ 지급된 재료의 상태, 수량을 꼼꼼히 확인해주세요.
▶ 재료를 깨끗이 세척해줍니다.

만드는 과정

1. 배는 강판에 갈고, 체나 면보에 걸러 배즙을 낸다.

   Tip 마른 면보는 배즙을 다 흡수하므로 반드시 젖은 면보를 사용해야 한다.

2. 키친타월에 감싼 잣을 밀대로 밀어 으깨고 잣가루를 만든다.

3. 파, 마늘을 곱게 다진다.

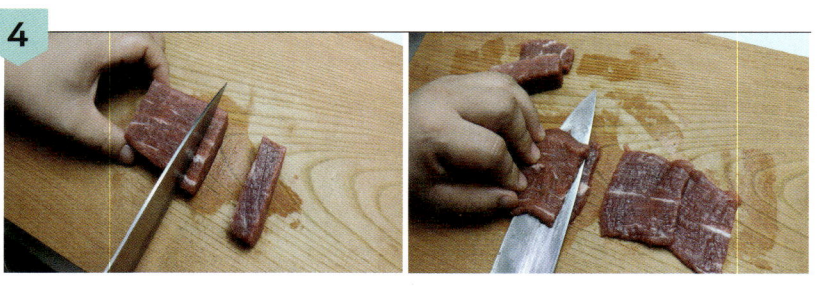

4. 소고기를 너비 5cm × 길이 6cm 길이로 재단한 뒤, 0.5cm 두께로 포를 뜬다.

5. 사선으로 칼집을 촘촘히 내고, 칼등으로 두드려서 편 후, 배즙 2큰술을 포 뜬 고기 위에 뿌려 재운다.

   Tip 소고기는 돼지고기보다 수축이 심하므로, 칼집 내기와 두드리기 과정을 충분히 해준다.

6. 진간장 큰술, 설탕 1/2큰술, 참기름 1/2 큰술, 깨소금, 다진 파·마늘을 넣고 양념장을 만들어 소고기에 부려 재운다.

Tip 양념이 타지 않게 하려면 참기름은 조금 더 여유롭게, 파와 마늘은 약간 덜 넣어야 한다.

7. 석쇠에 식용유를 발라 코팅하고, 소고기를 가지런히 올린 뒤 강불로 굽는다.

Tip 석쇠에 고기를 세팅할 때는 고기 조각끼리 서로 살짝 겹쳐줘야 모양을 잡아줄 수 있다.

8. 중불로 불을 조절해가며 타지 않게 익히다가 거의 익으면 불을 잠시 끄고, 붙은 부분의 간격을 벌려가며 이음매 부분을 마저 익힌다.

9. 완성 접시에 너비아니구이를 정갈하게 담은 후, 잣가루를 고명으로 올려 마무리한다.

Tip 석쇠를 사용한 조리 후에는, 제출 이후 반드시 가스레인지를 세척한다.

- 고기가 차가울 때는 불이 세도 잘 타지 않지만, 익을수록 쉽게 타므로 강불 → 중불 순으로 조절합니다.
- 고기를 익힐 때 석쇠를 둥글게 돌려가며 익혀주면 타는 것을 방지할 수 있습니다.

Section 12

두부조림

25분
시험시간

요구사항

주어진 재료를 사용하여 다음과 같이 두부조림을 만드시오.

1. 두부는 0.8cm × 3cm × 4.5cm로 잘라 지져서 사용하시오.
2. 8쪽을 제출하고, 촉촉하게 보이도록 국물을 약간 끼얹어 내시오.
3. 실고추와 파채를 고명으로 얹으시오.

빈출 조합

- 장국죽(30분)
- 더덕구이(30분)
- 생선찌개(30분)
- 완자탕(30분)

실제 크기 확인

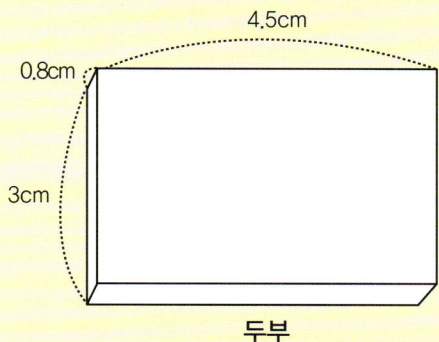

두부

지급재료 목록

지급재료

- 두부 200g
- 대파(흰 부분, 4cm) 1토막
- 실고추 1g
- 검은후춧가루 1g
- 참기름 5mL
- 소금(정제염) 5g
- 마늘(중, 깐 것) 1쪽
- 식용유 30mL
- 진간장 15mL
- 깨소금 5g
- 흰설탕 5g

양념장 진간장 1큰술, 참기름 1/2큰술, 설탕 1/2큰술, 깨소금, 후추, 다진 마늘

▶ 지급된 재료의 상태, 수량을 꼼꼼히 확인해주세요.
▶ 두부를 포함하여 재료는 깨끗이 세척해 줍니다.

만드는 과정

1. 두부는 3cm × 4.5cm 규격의 직사각형 블록 형태로 크기와 모양을 다듬는다.

2. 두부를 0.8cm 두께로 잘라 8조각을 만들고, 면보나 키친타월 위에 올려 소금을 뿌린다.

3. 대파는 3cm 길이로 결대로 곱게 채 썰고, 실고추도 3cm 길이로 재단한다.

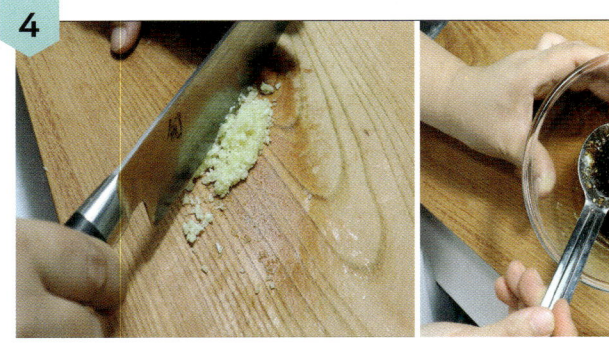

4. 마늘을 곱게 다지고, 진간장 1큰술, 참기름 1/2큰술, 설탕 1/2큰술, 깨소금, 후추 약간을 넣어 양념장을 만든다.

5. 두부는 겉면의 수분을 제거한 뒤, 팬에 기름을 두르고 노릇하게 굽는다.

6. 냄비에 두부를 가지런히 옮겨 담고, 물 반 컵과 만들어둔 양념장을 넣어 끓인다.

   Tip 이때 수저로 국물을 두부 위로 끼얹어 가며 끓여야 색이 골고루 난다.

7. 국물이 반으로 졸아들면 불을 잠시 끄고, 두부 위에 파채와 실고추를 고명으로 올린다.

8. 불을 다시 켜고 국물이 3큰술 정도 남을 때까지 더 졸이다가, 불을 끄고 완성 접시에 가지런히 담은 후 두부 위에 남은 국물을 올려준다.

합격 Point

- 두부 크기와 두께가 모두 일정하도록 재단에 유의하여 작업합니다.
- 두부의 수분을 잘 제거해주어야 합니다.

Section 13

생선전

25분
시험시간

요구사항

주어진 재료를 사용하여 다음과 같이 생선전을 만드시오.

1. 생선은 세장 뜨기하여 껍질을 벗겨 포를 뜨시오.
2. 생선전은 0.5cm × 5cm × 4cm로 만드시오.
3. 달걀은 흰자, 노른자를 혼합하여 사용하시오.
4. 생선전은 8개 제출하시오.

빈출 조합

- 탕평채(35분)
- 장국죽(30분)
- 오징어 볶음(30분)
- 콩나물밥(30분)
- 재료썰기(25분)

실제 크기 확인

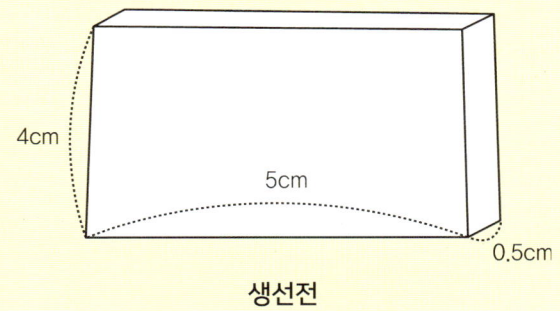

생선전

지급재료 목록

지급재료

- ☐ 동태(400g) 1마리
- ☐ 밀가루(중력분) 30g
- ☐ 달걀 1개
- ☐ 소금(정제염) 10g
- ☐ 흰후춧가루 2g
- ☐ 식용유 50mL

▶ 지급된 재료의 상태, 수량을 꼼꼼히 확인해주세요.
▶ 재료는 깨끗이 세척하고, 달걀은 따로 그릇에 담아주세요.

만드는 과정

1. 생선 지느러미를 가위로 제거한다.

   Tip 생선 지느러미를 제거할 땐 꼬리에서 머리 방향으로 제거한다.

2. 칼끝으로 비늘을 긁어 제거한다.

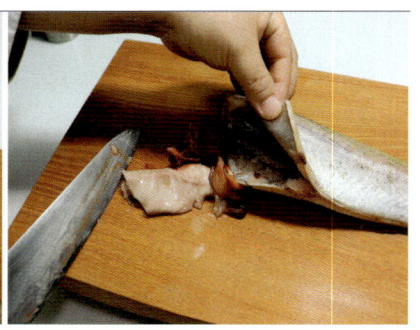

3. 머리를 사선 방향으로 자르고, 생식기 부분에 칼을 넣어 배를 갈라, 내장과 막, 피를 제거한 후 물로 깨끗이 씻는다.

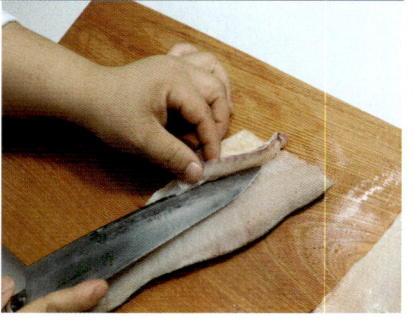

4. 물기를 제거한 생선의 등과 배 부분에 칼집을 낸 뒤 3장뜨기를 하고, 칼을 옆으로 뉘여 내장이 붙어있던 부분의 막과 잔가시를 제거한다.

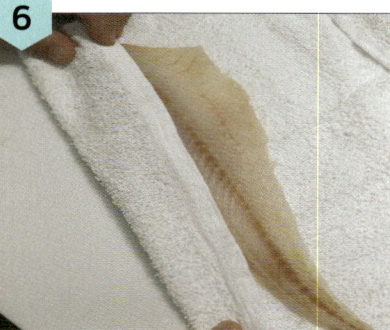

5. 껍질이 도마의 바닥면으로 향하도록 놓은 뒤, 꼬리 부분에 칼집을 넣어 손잡이를 만든 다음 칼을 옆으로 뉘여 넣으며 껍질을 당겨 제거한다.

6. 손질한 생선을 흐르는 물에 가볍게 씻은 후, 마른행주로 감싸 물기를 제거한다.

7. 생선살은 포를 뜨고 가로 5cm × 세로 6cm로 모양을 잡은 뒤, 소금과 흰후춧가루를 뿌려 밑간을 한다.

8. 달걀물을 풀어두고, 생선살에 밀가루 – 달걀물 순서로 묻힌다.

   Tip 밀가루는 살짝 묻힌 뒤 가볍게 털어내야 전이 두껍게 나오지 않는다.

9. 약불에 달군 팬에 식용유를 두르고, 색이 진하게 나지 않도록 익혀준 후, 완성 접시에 8개의 생선전을 담아 마무리한다.

   Tip 전을 뒤집은 뒤 주걱으로 살짝 눌러가며 지지면, 표면이 매끄럽고 모양이 고르게 나온다.

- 생선살은 익으면서 세로 폭이 더 많이 줄어들기 때문에, 규격을 맞출 때 가로보다 세로를 1cm가량 더 길게 재단한다.

Section 14

재료 썰기

25분
시험시간

요구사항

주어진 재료를 사용하여 다음과 같이 재료 썰기를 하시오.

1. 무, 오이, 당근, 달걀지단을 썰기 하여 전량 제출하시오.
   (단, 재료별 써는 방법이 틀렸을 경우 실격 처리됩니다.)
2. 무는 채 썰기, 오이는 돌려 깎기하여 채 썰기, 당근은 골패 썰기를 하시오.
3. 달걀은 흰자와 노른자를 분리하여 알끈과 거품을 제거하고 지단을 부쳐 완자(마름모꼴) 모양으로 각 10개를 썰고, 나머지는 채 썰기를 하시오.
4. 재료 썰기의 크기는 다음과 같이 하시오.
   - 채 썰기: 0.2cm × 0.2cm × 5cm
   - 골패 썰기: 0.2cm × 1.5cm × 5cm
   - 마름모형 썰기: 한 면의 길이가 1.5cm

빈출 조합

- 탕평채(35분)
- 장국죽(30분)
- 오징어 볶음(30분)
- 생선전(25분)

실제 크기 확인

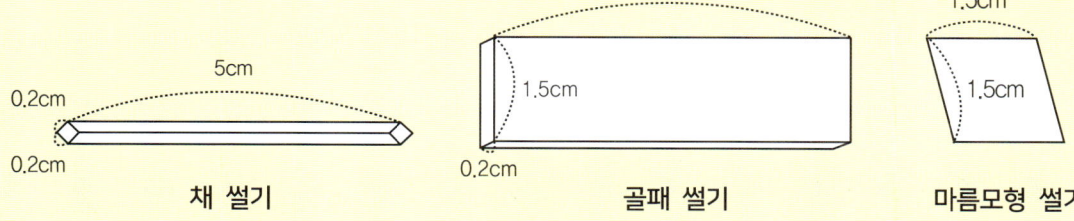

채 썰기   골패 썰기   마름모형 썰기

지급재료 목록

지급재료

- 무 100g
- 오이(길이 25cm) 1/2개
- 당근(길이 6cm) 1토막
- 달걀 3개
- 식용유 20mL
- 소금 10g

▶ 지급된 재료의 상태, 수량을 꼼꼼히 확인해주세요.
▶ 달걀은 교차오염 방지를 위해 세척 후 따로 담아둡니다.

만드는 과정

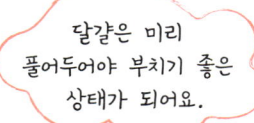
달걀은 미리 풀어두어야 부치기 좋은 상태가 되어요.

1. 달걀은 흰자와 노른자를 분리한 뒤 알끈을 제거하고, 약간의 소금을 넣어 잘 풀어둔다.

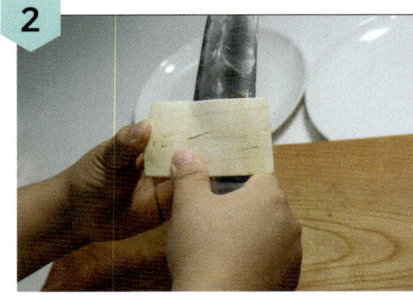

2. 무는 5cm 길이로 재단하여 껍질을 돌려 깎고, 0.2cm 두께로 일정하게 채 썬다.

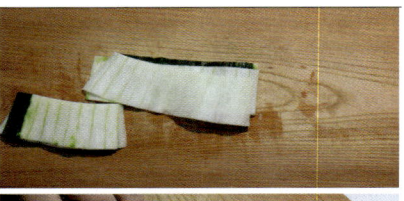

3. 오이는 5cm 길이로 재단하여 껍질을 얇게 돌려 깎은 후 썰기 좋게 재단하여 쌓아준 뒤 0.2cm 두께로 채 썬다.

4. 달군 팬에 기름 코팅을 한 후 황색지단을 먼저 부친다. 한쪽 면이 익으면 젓가락으로 뒤집어 반대편도 익힌다.

Tip 이때 키친타월로 꾹꾹 눌러주면 단면이 고르게 나온다.

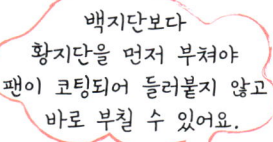

백지단보다 황지단을 먼저 부쳐야 팬이 코팅되어 들러붙지 않고 바로 부칠 수 있어요.

5. 이어서 백색지단도 같은 방법으로 부친다.

6. 당근은 껍질을 돌려 깎은 후 한 쪽 면을 잘라 흔들리지 않게 바닥면을 만든다. 이후 1.5cm × 5cm 크기의 직육면체로 재단하고, 0.2cm 두께로 썰어 골패 썰기를 완성한다.

7. 식혀둔 황·백지단을 1.5cm 폭으로 재단하고 마름모꼴로 어슷 썰어 각 10개씩 만든다. 나머지 지단은 0.2cm × 0.2cm × 5cm로 채 썬다.

Tip 백지단은 팬 바닥에 처음 닿았던 면이 위로 오게 하여 채 썰어야 잘 썰린다. 반대편은 익히는 과정에서 건조되어 잘 썰리지 않는다.

8. 완성 접시에 재료의 모양이 잘 보이도록 정갈하게 담는다.

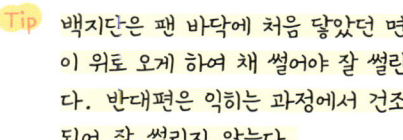

합격 Point

- 오이를 채 썰 때 칼이 잘 들지 않을 경우 껍질 부분을 맨 아래쪽으로 두면 잘 썰립니다.
- 흰자는 노른자보다 양이 많으므로 1/2만 사용해주세요.

Section 15

풋고추전

25분
시험시간

요구사항

주어진 재료를 사용하여 다음과 같이 풋고추전을 만드시오.

1. 풋고추는 5cm 길이로, 소를 넣어 지져 내시오.
2. 풋고추는 잘라 데쳐서 사용하며, 완성된 풋고추전은 8개를 제출하시오.

빈출 조합

- 잡채(35분)
- 장국죽(30분)
- 생선찌개(30분)
- 콩나물밥(30분)

실제 크기 확인

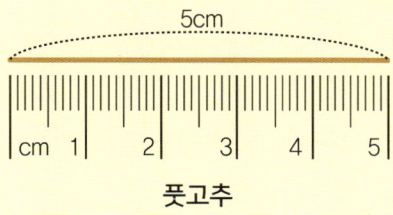

풋고추

지급재료 목록

지급재료

- ☐ 풋고추(길이 11cm 이상) 2개
- ☐ 소고기(살코기) 30g
- ☐ 두부 15g
- ☐ 밀가루(중력분) 15g
- ☐ 달걀 1개
- ☐ 대파(흰 부분, 4cm) 1토막
- ☐ 검은후춧가루 1g
- ☐ 참기름 5mL
- ☐ 소금(정제염) 5g
- ☐ 깨소금 5g
- ☐ 마늘(중, 깐 것) 1쪽
- ☐ 식용유 20mL
- ☐ 흰설탕 5g

소 양념 다진 파·마늘, 소금, 설탕, 후추, 깨소금, 참기름

▶ 지급된 재료의 상태, 수량을 꼼꼼히 확인해주세요.
▶ 재료를 깨끗이 세척해줍니다. 소고기는 키친타월로 핏물을 제거해주세요.

만드는 과정

1. 풋고추는 세로로 반을 가르고, 숟가락으로 씨를 제거한다.

2. 풋고추를 5cm 길이로 재단해 8개를 만들어주되, 가운데 부분을 제거하고 머리와 꼬리 부분 4개의 길이를 동일하게 재단한다.

3. 끓는 물에 소금을 넣고 풋고추를 10초 정도 빠르게 데친 후 찬물에 식힌다.

4. 파와 마늘은 곱게 다지고, 두부는 수분을 제거한 후 칼 옆면으로 으깨어 가며 다진다.

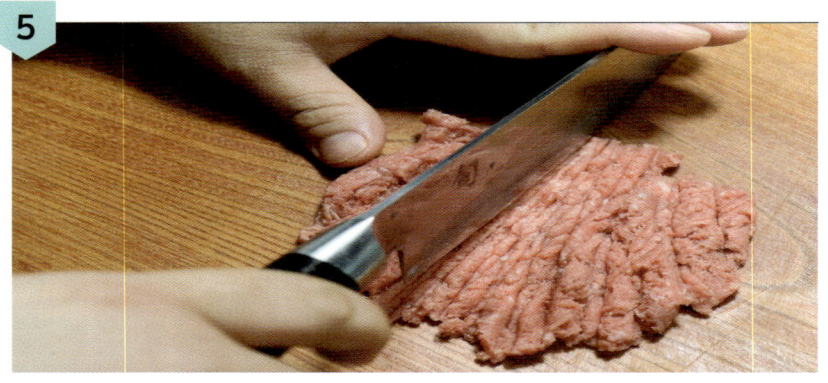

5. 핏물을 제거한 소고기는 포 뜨기 – 채 썰기 – 다지기 순서로 곱게 다진다.

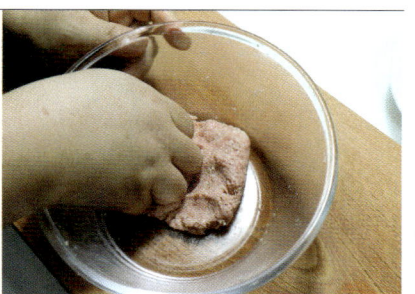

6. 볼에 다진 소고기와 파·마늘, 으깬 두부, 소금, 설탕, 후추, 깨소금, 참기름을 넣고 손으로 골고루 치대어 찰기가 생길 때까지 반죽한다.

7. 풋고추 안쪽에 밀가루를 얇게 묻힌 뒤, 양념한 고기 소를 꾹꾹 눌러가며 채운다.

   Tip 풋고추 안에 고기 소를 너무 꽉 채우면 익히는 시간이 늘어나고 안까지 완벽하게 익지 않을 수 있으므로 적당량만 넣는다.

8. 고기 소가 있는 면에 밀가루 – 달걀물 순서로 묻힌 후, 달군 팬에 식용유를 두르고, 약불로 속까지 천천히 익힌다.

   Tip 풋고추 겉면에 달걀물이 묻지 않아야 표면이 깔끔하게 나온다.

9. 키친타월에 기름기를 살짝 제거하고, 완성 접시에 풋고추전을 정갈하게 담아낸다.

- 달걀물은 흰자와 노른자를 1:1의 비율로 섞어주면 색이 더 곱게 나옵니다.
- 전을 익힐 때 겉면에는 색이 나지 않아야 하고, 속은 완전히 익어야 하기 때문에 불 조절에 주의합니다.

Section 16

더덕구이

30분
시험시간

요구사항

주어진 재료를 사용하여 다음과 같이 더덕구이를 만드시오.

1. 더덕은 껍질을 벗겨 사용하시오.
2. 유장으로 초벌구이하고, 고추장 양념으로 석쇠에 구우시오.
3. 완성품은 전량 제출하시오.

빈출 조합

- 잡채(35분)
- 탕평채(35분)
- 완자탕(30분)
- 두부조림(25분)
- 육회(20분)

지급재료 목록

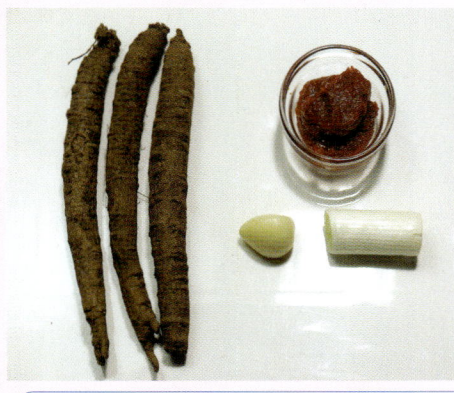

지급재료

- ☐ 통더덕(껍질 있는 것, 길이 10~15cm) 3개
- ☐ 진간장 10mL
- ☐ 대파(흰 부분, 4cm) 1토막
- ☐ 마늘(중, 깐 것) 1쪽
- ☐ 고추장 30g
- ☐ 흰설탕 5g
- ☐ 깨소금 5g
- ☐ 참기름 10mL
- ☐ 소금(정제염) 10g
- ☐ 식용유 10mL

양념장 고추장 2큰술, 참기름 1/2큰술, 설탕 1큰술, 깨소금, 다진 파·마늘

유장 참기름 1큰술, 진간장 1작은술

▶ 더덕구이는 정해진 규격이 없으므로, 폐기율을 최소화합니다.
▶ 지급된 재료의 상태, 수량을 꼼꼼히 확인해주세요.
▶ 더덕 윗부분을 잘라 단면을 확인하고, 상해있다면 교환을 요청합니다.

만드는 과정

1. 더덕을 흐르는 물에 세척하면서 주름 사이 낀 흙도 꼼꼼하게 제거한 후, 더덕 껍질을 옆으로 돌려 깎는다.

2. 일반 두께의 더덕은 칼집을 한 번 내고, 두꺼운 더덕은 앞뒤 1/3 지점에 각각 칼집을 넣은 후, 소금물(물 1.5컵 + 소금 4큰술)에 충분히 절인다.

   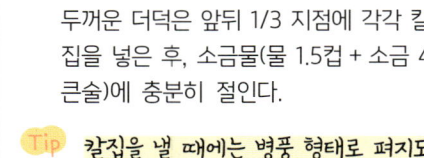 Tip 칼집을 낼 때에는 병풍 형태로 펴지도록 만들어준다.

3. 파와 마늘을 곱게 다지고, 고추장 2큰술, 참기름 1/2큰술, 설탕 1큰술, 깨소금, 다진 파·마늘을 넣어 양념장을 만든다.

4. 더덕을 손으로 구부려도 부러지지 않을 정도로 절여지면 물에 여러 번 헹군 뒤, 마른행주 위에 껍질이 아래로 가도록 칼집을 넣은 부분을 펼쳐서 간격을 두고 올린다.

5. 행주를 반 접고 밀대로 힘을 주어 여러 차례 밀어 편 후, 행주를 펴고 밀대 끝부분으로 더덕을 두드려 조직을 펴준다.

> Tip 밀대의 방향은 더덕의 결 방향과 직각이 되어야 더덕이 부서지지 않는다.

6. 참기름 1큰술, 진간장 1작은술로 유장을 만들고, 손질한 더덕 양쪽에 골고루 묻힌다.

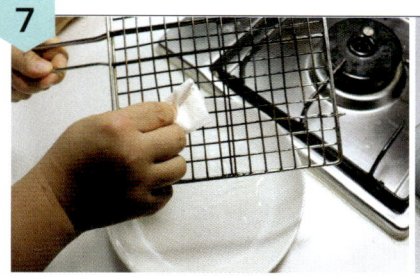 

7. 석쇠에 기름을 발라 코팅하고, 유장을 바른 더덕을 올려 양쪽을 초벌한다.

8. 초벌한 더덕에 양념장을 바르고 재벌한다.

9. 완성 접시에 더덕구이를 정갈하게 담아낸다.

 합격 Point

- 더덕 손질 시 단면 부분에서 나오는 진액은 만지지 않는 것이 좋고, 진액이 많이 나올수록 신선한 더덕입니다.
- 진액은 지용성으로 키친타월에 식용유를 묻혀 닦으면 잘 닦입니다.
- 더덕생채를 만들 때처럼 얇게 두드리면 안 됩니다.
- 더덕을 밀대로 밀거나 두드릴 때 너무 강하게 힘을 주면 부서지기 쉽습니다.
- 후추는 더덕의 향을 가리기 때문에 양념장에 들어가지 않으며, 지급되지도 않습니다.

Section 17

생선양념구이

30분
시험시간

요구사항

주어진 재료를 사용하여 다음과 같이 생선양념구이를 만드시오.

1. 생선은 머리와 꼬리를 포함하여 통째로 사용하고 내장은 아가미쪽으로 제거하시오.
2. 칼집 넣은 생선은 유장으로 초벌구이하고, 고추장양념으로 석쇠에 구우시오.
3. 생선구이는 머리 왼쪽, 배 앞쪽 방향으로 담아내시오.

빈출 조합

- 콩나물밥(30분)
- 완자탕(30분)
- 풋고추전(25분)
- 더덕생채(20분)

지급재료 목록

지급재료

- ☐ 조기(100~120g) 1마리
- ☐ 진간장 20mL
- ☐ 대파(흰 부분, 4cm) 1토막
- ☐ 마늘(중, 깐 것) 1쪽
- ☐ 고추장 40g
- ☐ 흰설탕 5g
- ☐ 깨소금 5g
- ☐ 참기름 5mL
- ☐ 소금(정제염) 20g
- ☐ 검은후춧가루 2g
- ☐ 식용유 10mL

양념장 설탕 1큰술, 고추장 2큰술, 깨소금, 후추, 참기름, 다진 파·마늘

유장 참기름 1큰술, 진간장 1작은술

▶ 지급된 재료의 상태, 수량을 꼼꼼히 확인해주세요.

만드는 과정

1. 조기는 싱크대에서 세척한 후, 가위로 지느러미를 제거하고 꼬리는 V자로 잘라 손질한 다음, 칼 끝으로 비늘을 긁어 제거한다.

2. 아가미를 가위로 잘라내고, 젓가락을 아가미 안쪽으로 넣어 돌려가며 내장을 제거한다.

3. 손질한 조기를 흐르는 물에 깨끗이 세척하고 물기를 제거한 후, 앞뒤에 3cm 간격으로 칼집을 내고, 소금을 뿌려 수분을 잡아준다.

   Tip 칼집을 너무 깊게 넣으면 익히는 도중 부서질 수 있으므로 유의한다.

4. 파와 마늘은 곱게 다지고, 양념장(설탕 1큰술, 고추장 2큰술, 깨소금, 후추, 참기름, 다진 파·마늘)을 만들 때에는 모든 재료를 섞은 뒤 물을 조금씩 넣어가며 농도를 맞춘다.

   Tip 파, 마늘은 최대한 곱게 다져야 양념이 쉽게 타지 않는다.

5. 참기름 ˙큰술, 진간장 1작은술로 유장을 만들어 조기 앞뒤로 잘 발라준 후, 달군 석쇠에 식용유를 발라 코팅하고, 조기를 올려 초벌한다.

6. 양쪽 모두 노릇하게 색이 나도록 충분히 익힌 다음, 양념장을 발라 재벌한다.

7. 완성 접시에 생선양념구이를 담을 때는 머리가 왼쪽, 꼬리가 오른쪽, 배 부분이 아래쪽으로 가도록 담는다.

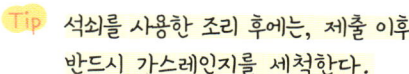
석쇠를 사용한 조리 후에는, 제출 이후 반드시 가스레인지를 세척한다.

- 고추장양념은 타기 쉬우므로, 초벌 단계에서 생선을 충분히 익힌 뒤 재벌해야 합니다.

Section 18

생선찌개

30분
시험시간

요구사항

주어진 재료를 사용하여 다음과 같이 생선찌개를 만드시오.

1. 생선은 4~5cm의 토막으로 자르시오.
2. 무, 두부는 2.5cm × 3.5cm × 0.8cm로 써시오.
3. 호박은 0.5cm 반달형, 고추는 통 어슷썰기, 쑥갓과 파는 4cm로 써시오.
4. 고추장, 고춧가루를 사용하여 만드시오.
5. 각 재료는 익는 순서에 따라 조리하고, 생선살이 부서지지 않도록 하시오.
6. 생선머리를 포함하여 전량 제출하시오.

빈출 조합

- 더덕구이(30분)
- 풋고추전(25분)
- 육회(20분)

실제 크기 확인

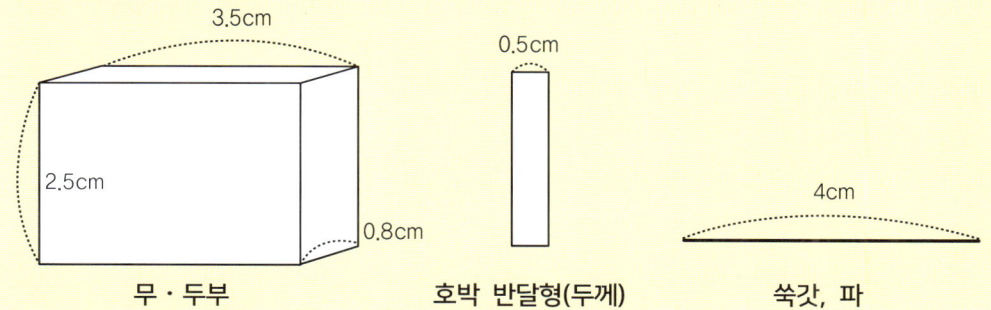

무·두부 (3.5cm × 2.5cm × 0.8cm)   호박 반달형(두께) 0.5cm   쑥갓, 파 4cm

지급재료 목록

지급재료

- □ 동태(300g) 1마리
- □ 무 60g
- □ 애호박 30g
- □ 두부 60g
- □ 풋고추(길이 5cm 이상) 1개
- □ 홍고추(생) 1개
- □ 쑥갓 10g
- □ 마늘(중, 깐 것) 2쪽
- □ 생강 10g
- □ 실파(2뿌리) 40g
- □ 고추장 30g
- □ 소금(정제염) 10g
- □ 고춧가루 10g

생선찌개 양념 물 3컵, 고추장 1큰술, 고춧가루 1큰술, 무, 다진 마늘·생강

▶ 지급된 재료의 상태, 수량을 꼼꼼히 확인해주세요.
▶ 재료들은 깨끗이 세척합니다. 쑥갓은 찬물에 담가 잎을 살려주세요.

만드는 과정

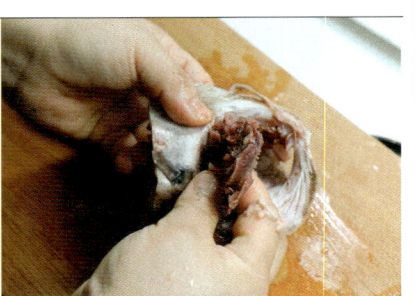

1. 생선은 가위로 지느러미를 제거하고, 입 앞부분을 잘라 손질한다.

2. 칼끝으로 비닐을 긁어내고, 머리를 잘라 낸다.

3. 생선 머리에서 아가미를 제거하고, 몸통 부분의 내장과 피막, 검은 피를 깨끗하게 제거한다. 뼈의 굴곡진 부분은 손으로 긁어 피를 완전히 제거한다.

4. 몸통 부분은 5~6cm로, 꼬리 부분은 7cm로 토막내고, 찬물에 담가 핏물을 제거한다.

5. 무와 두부는 2.5cm × 3.5cm × 0.8cm로 일정하게 썰고, 호박은 0.5cm 두께의 반달형으로, 실파와 쑥갓은 4cm 길이로 썬다.

6. 고추는 4cm 크기로 어슷썬 후 물에 담가 씨 부분을 제거하고, 마늘과 생강은 곱게 다진다.

7. 냄비에 쌀 3컵, 고추장 1큰술, 고춧가루 1큰술, 무를 넣고 끓인다.

8. 물이 끓으면 생선을 넣고, 생선이 반 정도 익으면 호박을 넣고 끓인다.

   Tip 생선을 강불에서 오래 끓이면 살이 부서지기 쉬우므로, 물이 한 번 끓어오른 이후에는 약불에서 천천히 익힌다.

9. 재료가 다 익으면 다진 마늘과 생강, 두부, 청홍고추를 넣고 소금으로 간을 한 뒤, 실파를 넣고 불을 끈다.

10. 완성 그릇에 재료들이 잘 보이도록 생선찌개를 담고, 쑥갓으로 장식하여 마무리한다.

- 생선의 아가미와 이빨은 반드시 제거해야 비린내가 나지 않습니다.
- 찌개를 담을 때 건더기 재료를 먼저 정갈하게 담은 뒤, 국물을 계량컵에 담아 부어주면 담음새가 깔끔하게 나옵니다.

Section 19

섭산적

30분
시험시간

요구사항

주어진 재료를 사용하여 다음과 같이 섭산적을 만드시오.

1. 고기와 두부의 비율을 3 : 1로 하시오.
2. 다져서 양념한 소고기는 크게 반대기를 지어 석쇠에 구우시오.
3. 완성된 섭산적은 0.7cm × 2cm × 2cm로 9개 이상 제출하시오.
4. 잣가루를 고명으로 얹으시오.

빈출 조합

- 배추김치(35분)
- 제육구이(30분)
- 너비아니구이(25분)
- 육회(20분)

실제 크기 확인

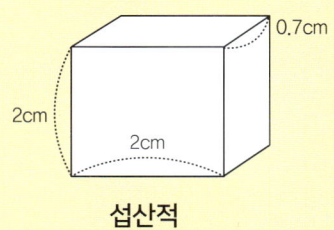

섭산적

지급재료 목록

지급재료

- ☐ 소고기(살코기) 80g
- ☐ 두부 30g
- ☐ 대파(흰 부분, 4cm) 1토막
- ☐ 마늘(중, 깐 것) 1쪽
- ☐ 소금(정제염) 5g
- ☐ 흰설탕 10g
- ☐ 깨소금 5g
- ☐ 참기름 5mL
- ☐ 검은후춧가루 2g
- ☐ 잣(간 것) 10개
- ☐ 식용유 30mL

양념 다진 파·마늘, 소금, 설탕, 후추, 깨소금, 참기름

▶ 지급된 재료의 상태, 수량을 꼼꼼히 확인해주세요.
▶ 재료를 깨끗이 세척해줍니다. 소고기는 키친타월로 핏물을 제거해주세요.

만드는 과정

1. 파와 마늘은 곱게 다지고, 두부는 수분을 제거한 후 칼 옆면으로 으깨어 가며 다진다.

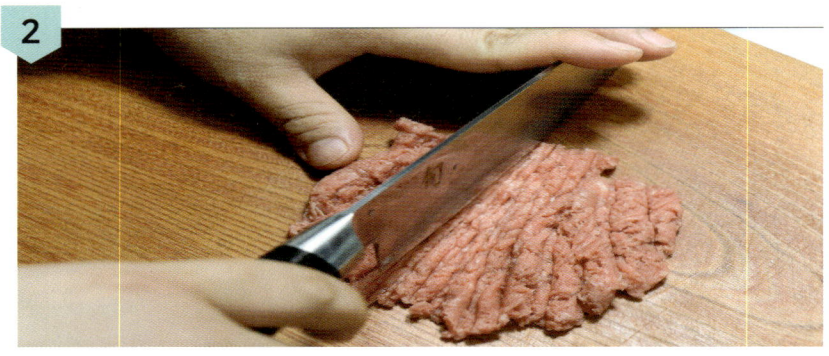

2. 핏물을 제거한 소고기는 포 뜨기 - 채 썰기 - 다지기 순서로 곱게 다진다.

3. 볼에 다진 소고기와 두부를 3 : 1 비율로 넣고 양념(다진 파·마늘, 소금, 설탕, 후추, 깨소금, 참기름)한 후 손으로 골고루 치대어 찰기가 생길 때까지 반죽한다.

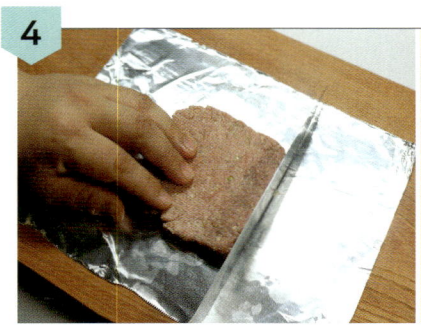 

4. 호일 위에 가로, 세로 9cm, 높이 0.7cm의 평평한 정사각형 모양으로 반대기를 만든 후 칼로 잔칼집을 넣어가며 모양을 잡는다.

5. 달군 석쇠에 식용유를 바르고, 섭산적을 올려 중불에서 익힌다.

6. 타지 않도록 돌려가며, 한 면당 5분 이상 충분히 익힌다.

7. 섭산적을 한 김 식히는 동안 잣을 곱게 다진 후, 섭산적의 가장자리를 정리해 가로, 세로 6.5cm의 정사각형을 만든 다음, 일정하게 9등분하여 썬다.

   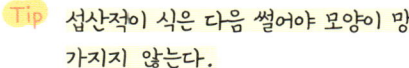 섭산적이 식은 다음 썰어야 모양이 망가지지 않는다.

8. 완성 접시에 섭산적을 일정한 간격을 두고 담아준 다음, 각각 잣가루를 올려 장식한다.

- 섭산적을 먼저 굽고 식히는 동안 다른 메뉴를 완성하는 것이 순서에 좋습니다.
- 고기 겉면의 핏물과 두부의 수분은 충분히 제거해주어야 합니다.
- 센불로 익히면 겉만 타고 속은 익지 않을 수 있으므로 중불에서 충분히 익혀줍니다.

Section 20

오징어 볶음

30분
시험시간

요구사항

주어진 재료를 사용하여 다음과 같이 오징어 볶음을 만드시오.

1. 오징어는 0.3cm 폭으로 어슷하게 칼집을 넣고, 크기는 4cm × 1.5cm로 써시오. (단, 오징어 다리는 4cm 길이로 자른다.)
2. 고추, 파는 어슷썰기, 양파는 폭 1cm로 써시오.

빈출 조합

- 겨자채(35분)
- 완자탕(30분)
- 너비아니구이(25분)
- 표고전(20분)

실제 크기 확인

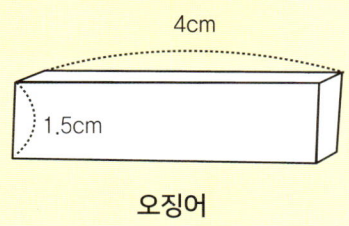
오징어

양파(폭)

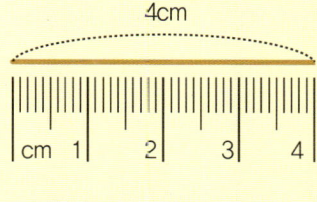
청홍고추(어슷썰기)

지급재료 목록

지급재료

- 물오징어(250g) 1마리
- 소금(정제염) 5g
- 진간장 10mL
- 흰설탕 20g
- 참기름 10mL
- 깨소금 5g
- 풋고추(길이 5cm 이상) 1개
- 홍고추(생) 1개
- 양파(중, 150g) 1/3개
- 마늘(중, 깐 것) 2쪽
- 대파(흰 부분, 4cm) 1토막
- 생강 5g
- 고춧가루 15g
- 고추장 50g
- 검은후춧가루 2g
- 식용유 30mL

양념장 고추장 3큰술, 고춧가루 2/3큰술, 설탕 2큰술, 진간장 1작은술, 참기름, 깨소금, 후추, 다진 마늘

▶ 지급된 재료의 상태, 수량을 꼼꼼히 확인해주세요.
▶ 재료들은 깨끗이 세척합니다.

만드는 과정

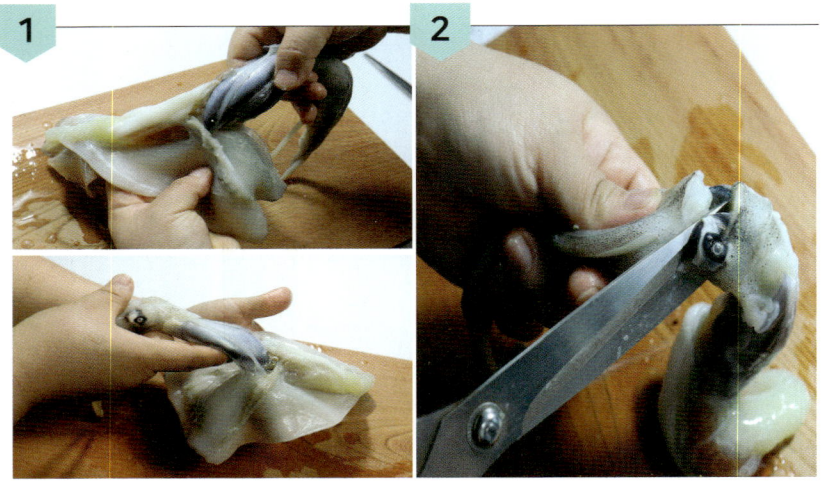

1. 오징어는 가위로 반을 갈라 내장과 뼈대를 제거한다.

2. 가위를 이용해 눈이 터지지 않게 제거하고, 입과 빨판을 제거한 뒤 깨끗이 세척한다.

3. 양파는 폭 1cm로 두껍게 썰고, 청홍고추는 어슷하게 썬 뒤 찬물에 담가 씨 부분을 제거한다.

4. 대파는 어슷하게 썰고, 마늘은 곱게 다진다. 생강은 강판에 곱게 갈아 생강즙을 낸다.

5. 오징어의 귀부분을 칼로 먼저 떼어낸 후, 뒤쪽 끝에 칼집을 내고 굵은 소금을 이용해 껍질을 벗겨준다.

다리는 너무 짧게 자르면 길이가 확 줄어들 수 있으므로 주의해요.

6. 오징어 다리는 4cm 길이로 잘라 2~3등분한다.

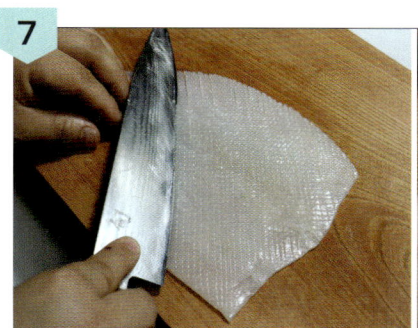 

7. 오징어 몸통의 내장이 붙어있던 면에 칼을 뉘여 0.3cm 간격으로 어슷하게 칼집을 낸 후, 가로 4cm, 세로 2cm 크기로 썬다.

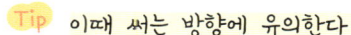 Tip 이때 써는 방향에 유의한다.

8. 양념장(고추장 3큰술, 고춧가루 2/3큰술, 설탕 2큰술, 진간장 1작은술, 참기름, 깨소금, 후추, 다진 마늘)을 만들 때 생강즙은 마지막에 넣어가며 농도를 조절한다.

9. 달군 팬에 식용유를 두르고 강불에서 오징어를 볶다가 바로 양파를 넣어 70% 정도 익힌다.

10. 양파가 반투명해지면 불을 잠시 끄고, 양념장을 넣어 고루 섞는다. 이후 홍고추, 풋고추, 대파, 참기름을 넣고 살짝만 더 볶아 마무리한다.

11. 완성 접시에 오징어 볶음을 정갈하게 담아낸다.

 합격 Point

- 오징어를 볶을 때 팬을 달구지 않고 오징어를 넣으면 물이 나와 제대로 볶아지지 않습니다.
- 오징어는 오래 익히면 질겨지므로, 센불에 빠르게 볶아냅니다.

Section 21

완자탕

30분
시험시간

요구사항

주어진 재료를 사용하여 다음과 같이 완자탕을 만드시오.

1. 완자는 지름 3cm로 6개를 만들고, 국 국물의 양은 200mL 이상 제출하시오.
2. 달걀은 지단과 완자용으로 사용하시오.
3. 고명으로 황백지단(마름모꼴)을 각 2개씩 띄우시오.

빈출 조합

- 더덕구이(30분)
- 오징어 볶음(30분)
- 풋고추전(25분)
- 홍합초(20분)

실제 크기 확인

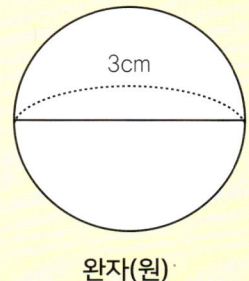
완자(원) 3cm

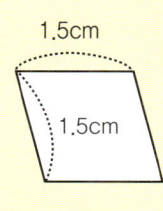
지단(마름모) 1.5cm × 1.5cm

지급재료 목록

지급재료

- ☐ 소고기(살코기) 50g
- ☐ 소고기(사태부위) 20g
- ☐ 달걀 1개
- ☐ 대파(흰 부분, 4cm) 1/2토막
- ☐ 밀가루(중력분) 10g
- ☐ 마늘(중, 깐 것) 2쪽
- ☐ 식용유 20mL
- ☐ 소금(정제염) 10g
- ☐ 검은후춧가루 2g
- ☐ 두부 15g
- ☐ 키친타월(종이, 주방용, 소 18 × 20cm) 1장
- ☐ 국간장 5mL
- ☐ 참기름 5mL
- ☐ 깨소금 5g
- ☐ 흰설탕 5g

완자 양념 다진 파·마늘, 소금, 설탕, 후추, 깨소금, 참기름

▶ 지급된 재료의 상태, 수량을 꼼꼼히 확인해주세요.
▶ 재료를 깨끗이 세척해줍니다. 소고기는 키친타월로 핏물을 제거해주세요.

만드는 과정

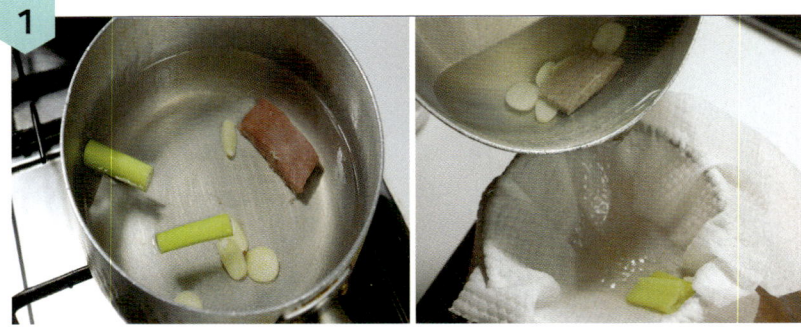

1. 냄비에 물 3컵, 소고기(사태 20g), 대파, 마늘을 넣고 육수를 끓인다. 20분 이상 끓인 육수는 젖은 면보에 걸러준 뒤, 국간장과 소금으로 색과 간을 맞춘다.

   Tip 이때 완자 소에 들어갈 파, 마늘을 남긴다.

2. 파와 마늘은 곱게 다지고, 두부는 수분을 제거한 후 칼 옆면으로 으깨어 가며 다진다.

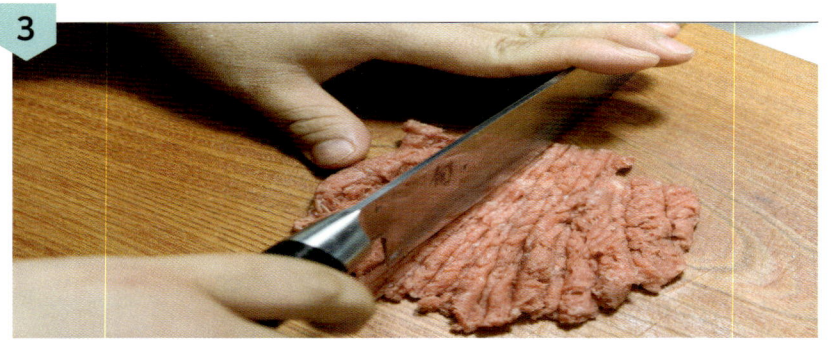

3. 핏물을 제거한 소고기는 포 뜨기 - 채 썰기 - 다지기 순서로 곱게 다진다.

4. 볼에 다진 소고기와 파·마늘, 으깬 두부, 소금, 설탕, 후추, 깨소금, 참기름을 넣고 손으로 골고루 치대어 찰기가 생길 때까지 반죽한다.

5. 소를 지름 3cm 정도의 구 형태로 완자 6개를 만든다.

6. 황·백지단을 한 큰술 정도씩 부친 후, 길이 1.5~2cm의 마름모꼴로 썬다.

7. 완자 겉이 밀가루 - 달걀물 순으로 꼼꼼히 묻히고, 식용유를 두른 팬에 완자를 굴려가며 충분히 익힌다.

Tip 익힌 완자는 키친타월에 올려 겉면의 기름기를 제거해야 국물이 맑다.

8. 냄비에 육수를 붓고 끓이다가, 끓어오르면 완자를 넣고 불을 줄여 뭉근하게 끓인다.

Tip 불이 너무 세거나 시간이 길어지면 국물이 탁해지므로 주의한다.

9. 완성 그릇에 완자를 담고, 국물을 300mL 정도 부어준 뒤 지단으로 장식한다.

Tip 시간이 지나면 완자가 국물을 흡수하여 국물이 부족해 보일 수 있으므로, 200mL보다 넉넉하게 부어준다.

합격 Point

- 완자에 묻히는 달걀물은 노른자만 사용해야 색이 더 예쁘게 나옵니다.
- 육수를 끓일 땐 약불에서 거품을 제거하면서 끓여야 맑은 국물이 나옵니다.

Section 22

장국죽

30분
시험시간

요구사항

주어진 재료를 사용하여 다음과 같이 장국죽을 만드시오.

1. 불린 쌀을 반 정도로 싸라기를 만들어 죽을 쑤시오.
2. 소고기는 다지고 불린 표고는 3cm의 길이로 채 써시오.

빈출 조합

- 겨자채(35분)
- 생선양념구이(30분)
- 풋고추전(25분)
- 육원전(20분)

실제 크기 확인

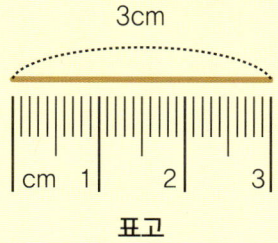

표고

지급재료 목록

지급재료

- ☐ 쌀(30분 정도 물에 불린 쌀) 100g
- ☐ 소고기(살코기) 20g
- ☐ 건표고버섯(지름 5cm, 물에 불린 것, 부서지지 않은 것) 1개
- ☐ 대파(흰 부분, 4cm) 1토막
- ☐ 마늘(중, 깐 것) 1쪽
- ☐ 국간장 10mL
- ☐ 진간장 10mL
- ☐ 검은후춧가루 1g
- ☐ 참기름 10mL
- ☐ 깨소금 5g

양념장 진간장 1/2작은술, 참기름, 후추, 깨소금, 다진 파·마늘

▶ 지급된 재료의 상태, 수량을 꼼꼼히 확인해주세요.
▶ 재료들은 깨끗이 세척합니다.

만드는 과정

1. 불린 쌀은 체에 밭쳐 수분을 제거한 후, 지퍼백에 넣고 밀대로 밀어 절반 크기의 싸라기를 만든다.

   Tip 쌀알을 부술 때 지퍼백을 완전히 밀봉하지 말고, 끝부분을 1cm 정도 남기면 공기가 빠져 편하게 부술 수 있다.

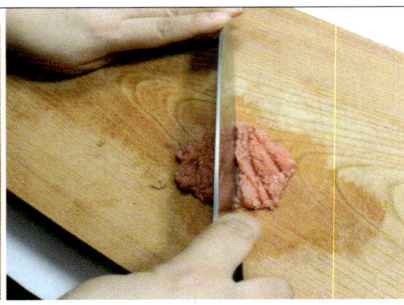

2. 표고버섯은 얇게 포를 뜬 후 3cm 길이로 채 썰고, 소고기는 곱게 다진다.

3. 파와 마늘을 곱게 다진 후, 진간장 1/2작은술, 참기름, 후추, 깨소금, 다진 파·마늘을 넣고 양념장을 만들어, 소고기와 표고버섯을 양념한다.

4. 냄비에 참기름을 두르고, 소고기 – 버섯 순서로 볶는다.

5. 불린 쌀을 계량하여 함께 볶다가, 쌀의 2배 분량의 물을 넣고 강불에서 끓인다.

6. 내용물이 끓어오르면 쌀의 3배 분량의 물을 추가로 넣고 쌀알이 퍼질 때까지 주걱으로 저어가며 끓여주다가, 국간장과 소금으로 색과 간을 맞춘다.

7. 완성 그릇에 장국죽을 담고, 표고버섯이 보이도록 다듬어 완성한다.

- 냄비에 쌀알이 눌어붙지 않도록 수시로 저어가며 끓여주세요.
- 죽에 물을 넣을 땐 한 번에 다 넣지 말고, 2~3번에 나눠 넣어야 쌀알이 더 빠르게 퍼집니다.

Section 23

제육구이

30분
시험시간

요구사항

주어진 재료를 사용하여 다음과 같이 제육구이를 만드시오.

1. 완성된 제육은 0.4cm × 4cm × 5cm로 하시오.
2. 고추장 양념하여 석쇠에 구우시오.
3. 제육구이는 전량 제출하시오.

빈출 조합

- 오징어 볶음(30분)
- 섭산적(30분)
- 표고전(20분)
- 육회(20분)

실제 크기 확인

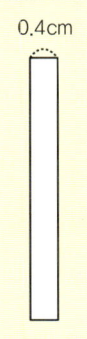

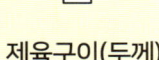

제육구이(두께)

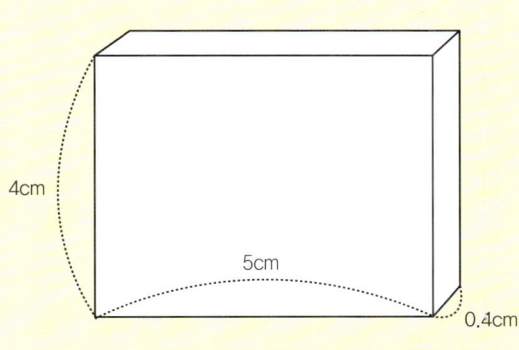

제육구이

지급재료 목록

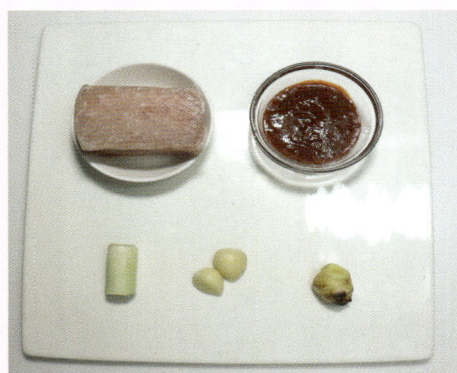

지급재료

- ☐ 돼지고기(등심 또는 볼깃살) 150g
- ☐ 고추장 40g
- ☐ 진간장 10mL
- ☐ 대파(흰 부분, 4cm) 1토막
- ☐ 마늘(중, 깐 것) 2쪽
- ☐ 검은후춧가루 2g
- ☐ 흰설탕 15g
- ☐ 깨소금 5g
- ☐ 참기름 5mL
- ☐ 생강 10g
- ☐ 식용유 10mL

고추장 양념 고추장 3큰술, 설탕 1.5큰술, 참기름 1큰술, 진간장 2/3작은술, 깨소금, 후추, 다진 파·마늘, 생강즙

▶ 지급된 재료의 상태, 수량을 꼼꼼히 확인해주세요.
▶ 재료들은 흐르는 물에 깨끗이 세척해주세요.

만드는 과정

1. 파와 마늘을 곱게 다진다.

2. 생강은 강판에 갈아 물 1큰술을 넣은 뒤, 체에 내려 생강즙을 만든다.

3. 돼지고기는 4.5cm × 5.5cm 크기로 재단한 다음, 0.5cm 두께로 포를 뜬다.

4. 돼지고기 양쪽 면에 사선으로 촘촘한 칼집을 넣은 뒤, 칼등으로 두들겨 펴서 크기와 모양을 잡는다.

고추장 양념에 참기름을 넉넉히 넣으면 양념이 타는 것을 어느 정도 방지할 수 있어요.

5. 고추장 3큰술, 설탕 1.5큰술, 참기름 1큰술, 진간장 2/3작은술, 깨소금, 후추 약간, 다진 파·마늘, 생강즙 약간을 넣고 고추장 양념을 만든다.

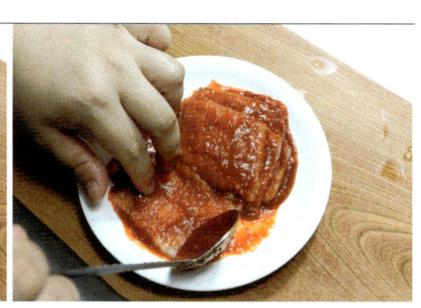

6. 고기 앞뒤로 양념을 골고루 발라 재운다.

7. 석쇠를 달군 뒤 키친타월에 식용유를 발라 코팅하고, 잠시 불을 끈 상태에서 양념한 돼지고기를 올린다.

   Tip 고기를 서로 약간 겹치게 올리면 모양을 반듯하게 유지하는 데 도움이 된다.

8. 불을 켜고 타지 않게 석쇠를 돌려가며 앞뒤를 구워준 후, 완성 접시에 제육구이를 정갈하게 담아 마무리한다.

- 양념한 고기는 겉은 타기 쉽고 속은 덜 익기 쉬우므로, 불 조절에 유의하여 약불에서 충분히 돌려가며 익혀줍니다.
- 석쇠에 고기를 놓을 때 최대한 직사각형으로 모양을 잡아 이음새가 겹치게 올려주면 수축을 최소화할 수 있습니다.

Section 24

콩나물밥

30분
시험시간

요구사항

주어진 재료를 사용하여 다음과 같이 콩나물밥을 만드시오.

1. 콩나물은 꼬리를 다듬고 소고기는 채 썰어 간장양념을 하시오.
2. 밥을 지어 전량 제출하시오.

빈출 조합

- 도라지생채(15분)
- 북어구이(20분)
- 홍합초(20분)
- 풋고추전(25분)
- 더덕구이(30분)

지급재료 목록

지급재료

- ☐ 쌀(30분 불린 쌀) 150g
- ☐ 콩나물 60g
- ☐ 소고기(살코기) 30g
- ☐ 대파(흰 부분, 4cm) 1/2토막
- ☐ 마늘(중, 깐 것) 1쪽
- ☐ 진간장 5mL
- ☐ 참기름 5mL

간장양념 진간장 1작은술, 참기름 1/2작은술, 다진 파·마늘

▶ 지급된 재료의 상태, 수량을 꼼꼼히 확인하고 세척합니다.

만드는 과정

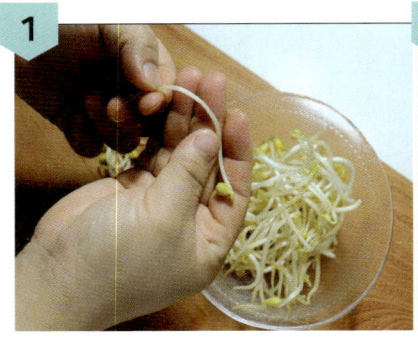

1. 콩나물은 깨끗이 씻어 꼬리 부분을 다듬는다.

2. 불린 쌀은 깨끗이 씻어 수분을 제거한 뒤 계량한다.

3. 파와 마늘을 곱게 다진다.

4. 핏물을 제거한 소고기는 일정한 두께로 채 썬 후 간장양념(진간장 1작은술, 참기름 1/2작은술, 다진 파·마늘)을 만들어 버무린다.

5. 냄비에 쌀과 물을 1:0.9 비율로 넣고, 밥 위에 콩나물 - 양념한 소고기 순서로 골고루 올린다.

> Tip 양념한 소고기는 밥 위가 아닌 콩나물 위에 올려야 밥의 색이 예쁘게 나온다.

6. 강불로 끓이다가, 끓기 시작하면 뚜껑을 덮고 약불로 줄여 5분간 더 끓여준다.

7. 밥에 구멍이 송송 나면서 거품이 사라지면 불을 끄고 5분 이상 뜸을 들인다.

   Tip 뜸을 들일 때는 냄비 뚜껑의 구멍을 행주로 막아 여열을 보존한다.

8. 뚜껑을 열고 밥을 골고루 잘 섞은 뒤, 소고기와 콩나물이 위에 잘 보이도록 완성 그릇에 담는다.

- 완성된 밥을 가다듬을 땐 주걱 대신 젓가락을 사용하면 밥알이 눌리지 않습니다.

Section 25

겨자채

35분
시험시간

요구사항

주어진 재료를 사용하여 다음과 같이 겨자채를 만드시오.

1. 채소, 편육, 황·백지단, 배는 0.3cm × 1cm × 4cm로 써시오.
2. 밤은 모양대로 납작하게 써시오.
3. 겨자는 발효시켜 매운맛이 나도록 하여 간을 맞춘 후 재료를 무쳐서 담고, 통잣을 고명으로 올리시오.

빈출 조합

- 오징어 볶음(30분)
- 장국죽(30분)
- 표고전(20분)
- 육원전(20분)

실제 크기 확인

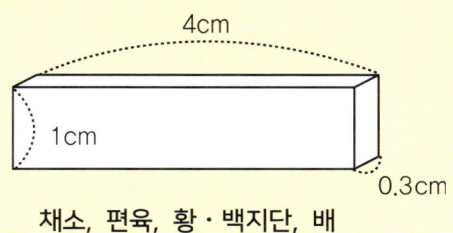

채소, 편육, 황·백지단, 배

지급재료 목록

지급재료

- 양배추(길이 5cm) 50g
- 오이(가늘고 곧은 것, 길이 20cm) 1/3개
- 당근(곧은 것, 길이 7cm) 50g
- 소고기(살코기, 길이 5cm) 50g
- 밤(중, 생 것, 껍질 깐 것) 2개
- 달걀 1개
- 잣(깐 것) 5개
- 배(중, 길이로 등분, 50g 정도) 1/8개
- 흰설탕 20g
- 소금(정제염) 5g
- 식초 10mL
- 진간장 5mL
- 겨자가루 6g
- 식용유 10mL

겨자소스 겨자, 설탕 1큰술, 식초 1큰술, 소금, 진간장

▶ 지급된 재료의 상태, 수량을 꼼꼼히 확인해주세요.
▶ 재료들은 흐르는 물에 깨끗이 세척하고, 소고기는 키친타월로 핏물을 제거해주세요.

만드는 과정

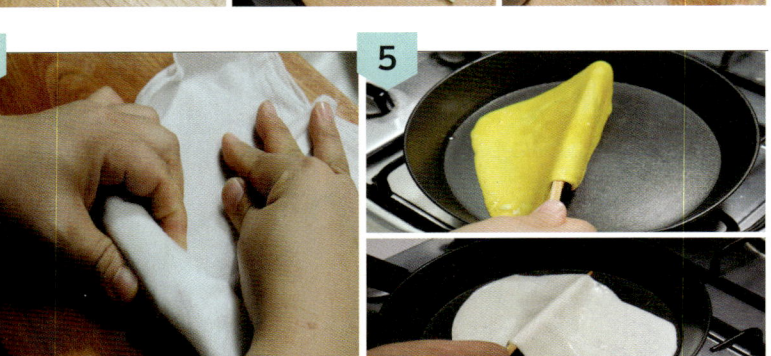
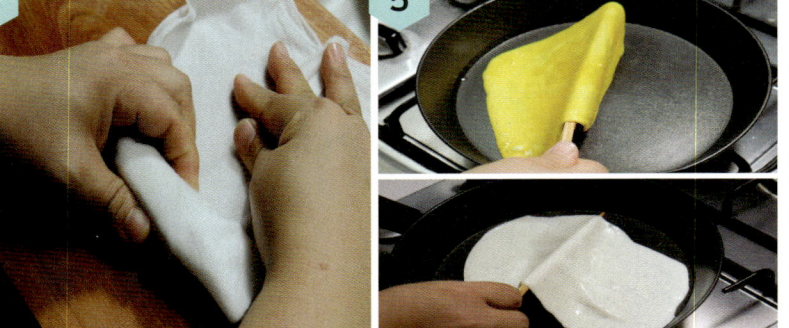

1. 냄비에 물을 올리고, 물이 끓으면 소금 1/2큰술과 고기를 넣어 삶는다.

2. 볼에 겨자 1큰술, 물 1/2큰술을 넣어 되직하게 개어주고, 편육 냄비 뚜껑 위에 엎어 발효시킨다.

3. 당근은 0.3cm × 1cm × 4cm로 골패 썰기하고, 오이는 돌려 깎아 규격에 맞추어 썰어주고, 양배추도 규격에 맞추어 썬 후 싱싱하게 물에 담가둔다.

4. 삶은 편육을 젖은 면보에 감싸 모양을 잡아주며 식힌다.

5. 황·백지단을 부친다.

6. 배는 0.3cm × 1cm × 4cm로 골패 썰기하고, 밤은 모양대로 납작하게 편 썰어 설탕물에 담가 둔다.

7. 편육과 황·백지단을 0.3cm × 1cm × 4cm로 썬다.

8. 손질이 끝난 재료들은 수분을 제거한다.

9. 지단과 잣을 제외한 모든 재료를 볼에 담고, 겨자소스(겨자, 설탕 1큰술, 식초 1큰술, 소금, 진간장)를 넣어 버무리다가 황·백지단을 추가로 넣고 살살 버무린다.

10. 완성 접시에 겨자채를 정갈하게 담고, 잣을 고명으로 올려 마무리한다.

- 발효한 겨자는 온기가 남아 있을 때 소스로 만들어야 굳지 않습니다.
- 조리시간이 부족한 메뉴이므로 작업 순서에 유의하여 진행합니다.

Section 26

미나리강회

35분
시험시간

요구사항

주어진 재료를 사용하여 다음과 같이 미나리강회를 만드시오.

1. 강회의 폭은 1.5cm, 길이는 5cm로 만드시오.
2. 붉은 고추의 폭은 0.5cm, 길이는 4cm로 만드시오.
3. 달걀은 황·백지단으로 사용하시오.
4. 강회는 8개 만들어 초고추장과 함께 제출하시오.

빈출 조합

- 너비아니구이(25분)
- 표고전(20분)
- 북어구이(20분)
- 홍합초(20분)

실제 크기 확인

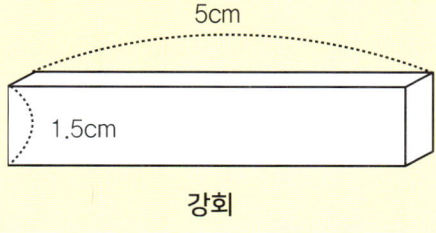

강회

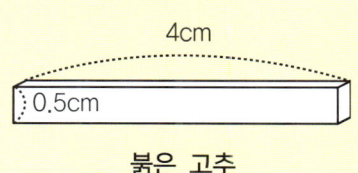

붉은 고추

지급재료 목록

지급재료

- 소고기(살코기, 길이 7cm) 80g
- 미나리(줄기 부분) 30g
- 홍고추(생) 1개
- 달걀 2개
- 고추장 15g
- 식초 5mL
- 흰설탕 5g
- 소금(정제염) 5g
- 식용유 10mL

초고추장 고추장 1큰술, 식초 1큰술, 설탕 1/2큰술

▶ 지급된 재료의 상태, 수량을 꼼꼼히 확인해주세요.
▶ 재료들은 흐르는 물에 깨끗이 세척하고, 소고기는 키친타월로 핏물을 제거해주세요.

만드는 과정

1. 냄비에 미나리를 데칠 물을 올리고, 미나리의 잎을 떼어내 손질한다.

2. 달걀은 흰자와 노른자를 나누어 풀어둔다.

   Tip 달걀은 미리 풀어두면 조직이 풀어져 지단이 고르게 부쳐진다.

3. 끓는 물에 소금과 미나리를 넣고 20초 정도 데친 뒤 찬물에 담가 식히고, 남은 데친 물에 소고기를 넣고 삶는다.

4. 홍고추를 0.5cm × 4cm로 썰고, 식힌 미나리는 수분을 제거한 뒤, 두세 갈래로 나누어 길이를 동일하게 다듬는다.

   Tip 미나리 길이는 18cm 정도로 맞춰주면 적당하다.

5. 고추장 1큰술, 식초 1큰술, 설탕 1/2큰술을 넣어 초고추장을 만든다.

6. 황·백지단을 부쳐 식힌다.

7. 삶은 고기를 꺼내 적신 면보로 힘을 주어 감싸 모양을 잡으며 식힌다.

8. 황·백지단과 삶은 고기를 각각 1.5cm × 5cm 크기로 썰어 8개를 준비한다.

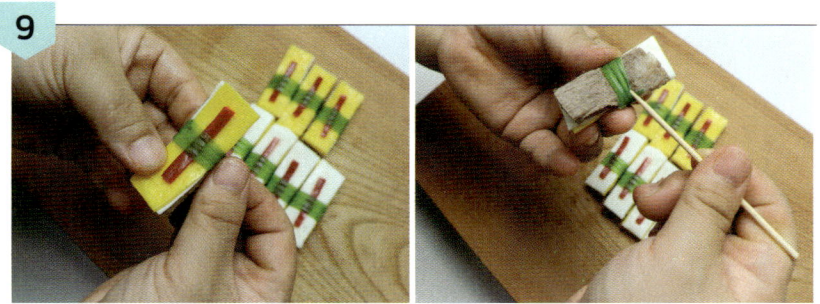

9. 고기 – 백지단 – 황지단 – 홍고추 순서로 쌓고, 미나리로 돌려 감싸준다.

   Tip 고기가 있는 아래부터 미나리의 첫 부분을 사선으로 감싸기 시작하여, 세 바퀴를 돌려 감아준 뒤, 꼬치로 끝부분을 넣어 마무리하면 깔끔하게 완성된다.

10. 완성 접시에 미나리강회를 정갈하게 담고, 초고추장과 함께 제출한다.

- 홍고추는 물에 닿으면 쉽게 휘어지므로, 썰어서 마른 키친타월에 올려둡니다.
- 황·백지단의 순서는 서로 바꿔도 상관없으나, 백지단의 모양이 예쁘지 않다면 황지단이 전부 위로 올라가도록 감아줘도 괜찮습니다.

Section 26 미나리강회

Section **27**

배추김치

35분
시험시간

요구사항

주어진 재료를 사용하여 다음과 같이 배추김치를 만드시오.

1. 배추는 씻어 물기를 빼시오.
2. 찹쌀가루로 찹쌀풀을 쑤어 식혀 사용하시오.
3. 무는 0.3cm × 0.3cm × 5cm 크기로 채 썰어 고춧가루로 버무려 색을 들이시오.
4. 실파, 갓, 미나리, 대파(채 썰기)는 4cm로 썰고, 마늘, 생강, 새우젓은 다져 사용하시오.
5. 소의 재료를 양념하여 버무려 사용하시오.
6. 소를 배춧잎 사이사이에 고르게 채워 반을 접어 바깥잎으로 전체를 싸서 담아내시오.

빈출 조합

- 두부조림(25분)
- 재료썰기(25분)
- 풋고추전(25분)
- 두부젓국찌개(20분)

실제 크기 확인

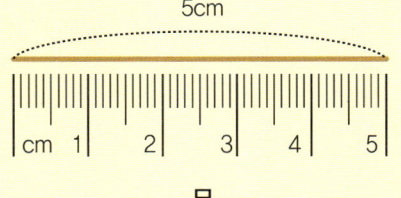

무

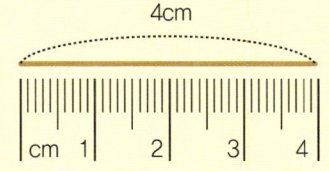

실파, 갓, 미나리, 대파(채 썰기)

지급재료 목록

지급재료

- 절임배추(포기당 2.5~3kg, 1/4포기당 500~600g) 1/4포기
- 무(길이 5cm 이상) 100g
- 실파(쪽파 대체가능) 20g
- 갓(적겨자 대체가능) 20g
- 미나리(줄기 부분) 10g
- 찹쌀가루(건식가루) 10g
- 새우젓 20g
- 멸치액젓 10mL
- 대파(흰 부분, 4cm) 1토막
- 마늘(중, 깐 것) 2쪽
- 생강 10g
- 고춧가루 50g
- 소금(재제염) 10g
- 흰설탕 10g

양념 찹쌀풀 4큰술, 멸치액젓 1/2큰술, 고춧가루 3큰술, 설탕 1큰술, 소금 1작은술, 채 썬 대파, 다진 마늘·생강·새우젓

▶ 지급된 재료의 상태, 수량을 꼼꼼히 확인해주세요.
▶ 재료들은 흐르는 물에 깨끗이 세척하고, 배추는 잎 사이사이를 잘 씻어주세요.

만드는 과정

1. 씻은 배추는 체에 밭쳐 물기를 빼준다.

2. 냄비에 찹쌀가루 1큰술과 물 1컵을 넣고 잘 풀어지도록 저어가며 끓인다.

   Tip 찹쌀가루와 물을 충분히 섞은 뒤 끓여야 가루가 뭉치지 않는다.

3. 무는 껍질을 제거하고, 0.3cm × 0.3cm × 5cm 크기로 채 썬 후, 무에 고춧가루 2큰술을 넣고 버무려 색을 먼저 들인다.

4. 갓, 실파, 미나리, 대파를 4cm 길이로 채 썬다.

5. 마늘, 생강, 새우젓을 곱게 다져 준비한다.

6. 볼에 찹쌀풀 4큰술, 멸치액젓 1/2큰술, 고춧가루 3큰술, 설탕 1큰술, 소금 1작은술, 채 썬 대파, 다진 마늘·생강·새우젓을 넣고 양념을 만든다.

7. 양념에 무채를 먼저 넣고 고루 섞은 다음 갓, 미나리, 실파를 마지막에 넣어 가볍게 버무린다.

8. 넓은 접시에 배추를 올려두고, 잎 사이 사이에 속재료를 골고루 채운다.

겉잎부터 속잎 순으로 넣어야 양념이 쏟아지지 않아요.

9. 속 넣기가 끝나면 겉잎으로 포기 전체를 감싸 고정한다.

합격 Point

- 배추에 물기가 많으면 완성된 김치에 물이 흥건할 수 있으므로, 물기를 충분히 빼줘야 합니다.
- 찹쌀풀은 식혀서 사용해야 하므로 첫 순서에 끓여야 합니다.
- 실파, 미나리, 갓 등 초록잎 재료는 양념의 마지막에 넣어야 풋내가 나지 않습니다.

Section 28

잡채

35분
시험시간

요구사항

주어진 재료를 사용하여 다음과 같이 잡채를 만드시오.

1. 소고기, 양파, 오이, 당근, 도라지, 표고버섯은 0.3cm × 0.3cm × 6cm로 썰어 사용하시오.
2. 숙주는 데치고 목이버섯은 찢어서 사용하시오.
3. 당면은 삶아서 유장처리하여 볶으시오.
4. 황·백지단은 0.2cm × 0.2cm × 4cm로 썰어 고명으로 얹으시오.

빈출 조합

- 오이소박이(20분)
- 더덕생채(20분)
- 도라지생채(15분)

실제 크기 확인

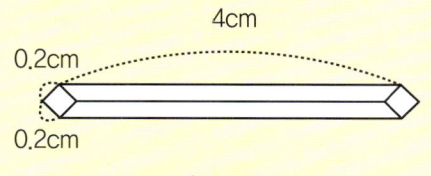

황·백지단

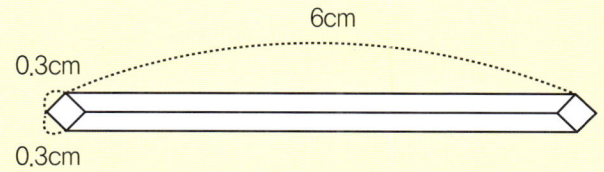

소고기, 양파, 오이, 당근, 도라지, 표고버섯

지급재료 목록

지급재료

- 당면 20g
- 소고기(살코기, 길이 7cm) 30g
- 건표고버섯(지름 5cm, 물에 불린 것, 부서지지 않은 것) 1개
- 건목이버섯(지름 5cm, 물에 불린 것) 2개
- 양파(중, 150g) 1/3개
- 오이(가늘고 곧은 것, 길이 20cm) 1/3개
- 당근(곧은 것, 길이 7cm) 50g
- 통도라지(껍질 있는 것, 길이 20cm) 1개
- 숙주(생 것) 20g
- 흰설탕 10g
- 대파(흰 부분, 4cm) 1토막
- 마늘(중, 깐 것) 2쪽
- 진간장 20mL
- 식용유 50mL
- 깨소금 5g
- 검은후춧가루 1g
- 참기름 5mL
- 소금(정제염) 15g
- 달걀 1개

유장 진간장 1작은술, 설탕 1작은술, 참기름 1작은술
간장양념 진간장 1큰술, 설탕 1/2큰술, 참기름, 깨소금, 후추, 다진 파·마늘

▶ 지급된 재료의 상태, 수량을 꼼꼼히 확인해주세요.
▶ 재료들은 흐르는 물에 깨끗이 세척하고, 소고기는 키친타월로 핏물을 제거해주세요.

만드는 과정

1. 당면은 깨끗이 씻어 물을 묻히고, 10cm 길이로 잘라 물에 불린다.

2. 숙주는 거두절미하고 끓는 물에 데쳐 찬물에 식힌 뒤, 물기를 제거하고 소금과 참기름으로 양념한다.

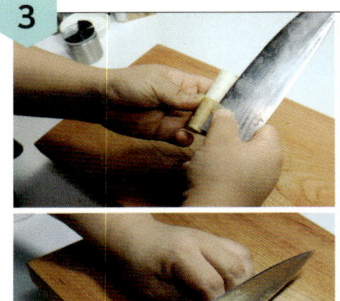

3. 도라지는 껍질을 돌려 깎아 0.3cm × 0.3cm × 6cm로 채 썰고, 소금물에 절인 뒤 헹궈 물기를 짜서 준비한다.

4. 오이는 돌려 깎아 채 썰고, 당근도 같은 규격으로 채 썬 후, 오이와 당근 모두 소금을 살짝 뿌려 절여준다.

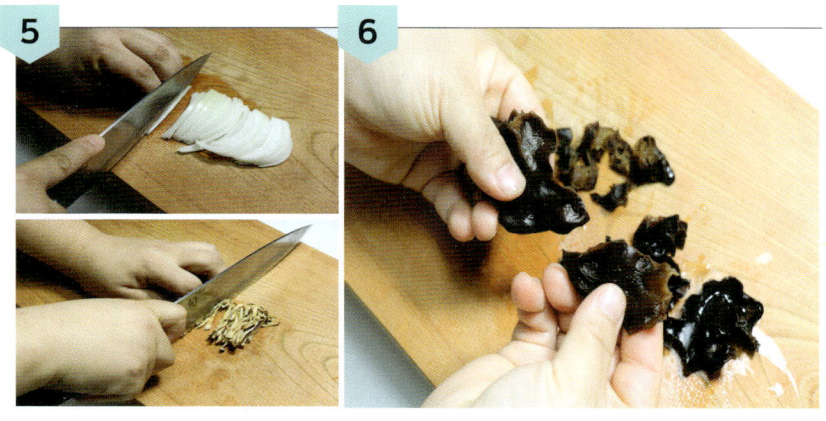

5. 양파와 기둥을 제거한 표고버섯은 0.3cm × 0.3cm × 6cm로 채 썬다.

6. 목이버섯은 기둥을 제거하고 3cm 크기로 뜯어준다.

7. 파와 마늘은 곱게 다지고, 소고기는 0.3cm × 0.3cm × 6cm로 채 썬다.

8. 불린 당면은 끓는 물에 5분 정도 삶아주고, 찬물에 헹궈 물기를 제거한 뒤 유장(진간장 1작은술, 설탕 1작은술, 참기름 1작은술)으로 양념한다.

9. 간장양념(진간장 1큰술, 설탕 1/2큰술, 참기름, 깨소금, 후추, 다진 파·마늘)을 만들어 소고기, 표고버섯, 목이버섯을 양념한다.

10. 황·백지단을 부친 후 0.2cm × 0.2cm × 4cm로 채 썬다.

11. 달군 팬에 식용유를 두르고, 양파 – 도라지 – 오이 – 당근 순서대로 볶는다.

12. 양념한 당면을 볶은 후, 목이버섯 – 표고버섯 – 소고기 순서대로 볶는다.

13. 볶은 재료들을 한 김 식힌 뒤, 숙주와 함께 잘 버무린다.

14. 완성 접시에 잡채를 담고, 황·백지단을 고명으로 올려 마무리한다.

- 각 재료의 색이 살아나도록 기름을 충분히 두르고 볶아줍니다.
- 재료를 볶을 때 재료가 타거나 색이 진하게 나지 않도록 불 조절에 주의합니다.
- 조리시간이 부족한 메뉴이므로 작업 순서를 잘 지키고, 재료 손질을 빠르게 해야 합니다.

Section 29

지짐누름적

35분
시험시간

요구사항

주어진 재료를 사용하여 다음과 같이 지짐누름적을 만드시오.
1. 각 재료는 0.6cm × 1cm × 6cm로 하시오.
2. 누름적의 수량은 2개를 제출하고, 꼬치는 빼서 제출하시오.

빈출 조합

- 더덕생채(20분)
- 너비아니구이(25분)
- 북어구이(20분)

실제 크기 확인

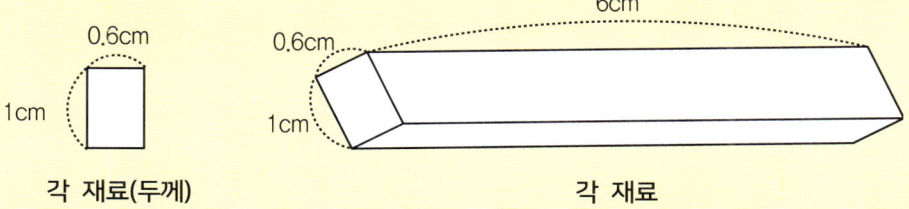

각 재료(두께) / 각 재료

지급재료 목록

지급재료

- 소고기(살코기, 길이 7cm) 50g
- 건표고버섯(물에 불린 것, 지름 5cm, 부서지지 않은 것) 1개
- 통도라지(껍질 있는 것, 길이 20cm) 1개
- 쪽파(중) 2뿌리
- 당근(7cm, 곧은 것) 50g
- 산적꼬치(길이 8~9cm) 2개
- 대파(흰 부분, 4cm) 1토막
- 마늘(중, 깐 것) 1쪽
- 달걀 1개
- 밀가루 20g
- 진간장 10mL
- 흰설탕 5g
- 참기름 5mL
- 깨소금 5g
- 검은후춧가루 2g
- 식용유 30mL
- 소금(정제염) 5g

양념장 진간장 1/2큰술, 설탕 1작은술, 참기름, 깨소금, 후추, 다진 파·마늘

▶ 지급된 재료의 상태, 수량을 꼼꼼히 확인해주세요.
▶ 재료들은 흐르는 물에 깨끗이 세척하고, 소고기는 키친타월로 핏물을 제거해주세요.

만드는 과정

1. 도라지는 껍질을 돌려 깎아 0.6cm × 1cm × 6cm 크기로 2개 이상 썰고, 당근도 도라지와 같은 크기로 2개 이상 썬다.

2. 끓는 물에 소금을 넣고 당근과 도라지를 데친 후 찬물에 헹궈 식힌다.

   Tip 당근과 도라지를 너무 오래 데치면 부러질 수 있으므로 유의한다.

3. 쪽파는 6cm 길이로 자르고, 불린 표고버섯은 물기를 꼭 짜서 0.6cm × 1cm × 6cm 크기로 썬다.

4. 파와 마늘을 곱게 다진다.

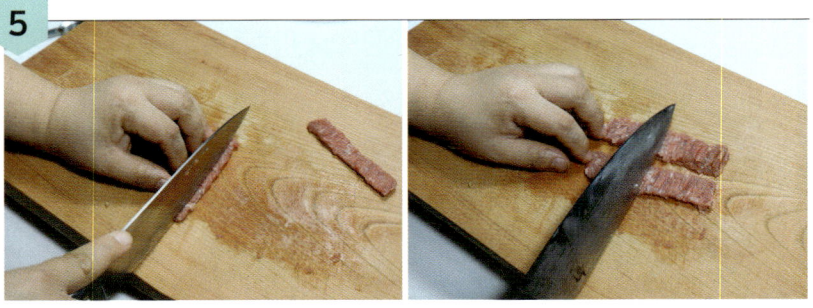

5. 소고기는 0.6cm × 1cm × 7cm로 썬 후 사선으로 칼집을 넣고 칼등으로 두들겨 모양을 잡는다.

6. 진간장 1/2큰술, 설탕 1작은술, 참기름, 깨소금, 후추, 다진 파·마늘을 넣고 양념장을 만들어 고기를 재워 둔다.

7. 팬에 기름을 두르고, 도라지 - 당근 - 표고 버섯 - 고기 순서대로 볶는다.

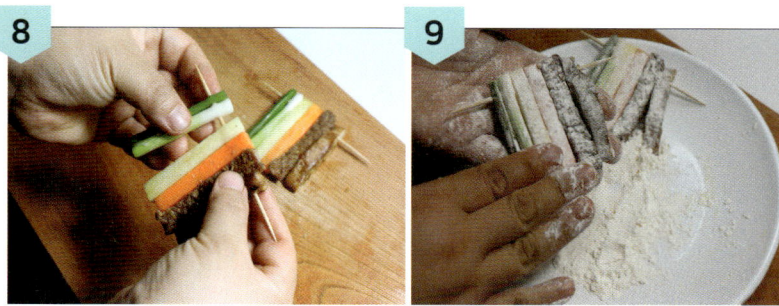

8. 재료의 색을 맞춰 꼬치에 끼워 2개를 만든다.

9. 재료를 끼운 꼬치에 밀가루와 달걀물을 순서대로 묻힌다.

Tip 밀가루는 너무 두껍게 묻지 않도록 털어준 뒤 달걀물을 묻힌다.

10. 달군 팬에 기름을 두르고, 약불에서 색이 나지 않도록 지진다.

Tip 주걱으로 살짝 눌러가며 지지면 단면이 더 예쁘게 나온다.

11. 익힌 꼬치는 살짝 식혀 기름을 제거하고, 꼬치를 돌려가며 조심스럽게 빼낸 뒤 완성접시에 담는다.

- 재료를 꼬치에 끼울 때 쪽파는 익으면서 숨이 죽어 응고력이 약해지므로 꼬치의 끝 부분에 배치하면 안정적입니다.
- 마지막에 꼬치를 제거할 땐 충분히 식어 응고가 된 다음 제거해야 안전합니다.
- 불이 너무 세면 색이 날 수 있으므로 불 조절에 유의합니다.

Section 30

탕평채

35분
시험시간

요구사항

주어진 재료를 사용하여 다음과 같이 탕평채를 만드시오.

1. 청포묵은 0.4cm × 0.4cm × 6cm로 썰어 데쳐서 사용하시오.
2. 모든 부재료의 길이는 4~5cm로 써시오.
3. 소고기, 미나리, 거두절미한 숙주는 각각 조리하여 청포묵과 함께 초간장으로 무쳐 담아내시오.
4. 황·백지단은 4cm 길이로 채 썰고, 김은 구워 부셔서 고명으로 얹으시오.

빈출 조합

- 더덕구이(30분)
- 너비아니구이(25분)
- 표고전(20분)
- 육회(20분)

실제 크기 확인

0.4cm 0.4cm 6cm 청포묵

5cm 4cm 황·백지단(4cm), 부재료(4~5cm)

지급재료 목록

지급재료

- ☐ 청포묵(중, 6cm) 150g
- ☐ 소고기(살코기, 길이 5cm) 20g
- ☐ 달걀 1개
- ☐ 숙주(생 것) 20g
- ☐ 미나리(줄기 부분) 10g
- ☐ 김 1/4장
- ☐ 대파(흰 부분, 4cm) 1토막
- ☐ 마늘(중, 깐 것) 2쪽
- ☐ 진간장 20mL
- ☐ 검은후춧가루 1g
- ☐ 흰설탕 5g
- ☐ 식용유 10mL
- ☐ 식초 5mL
- ☐ 깨소금 5g
- ☐ 참기름 5mL
- ☐ 소금(정제염) 5g

양념장 진간장 1작은술, 설탕 1/2작은술, 후추, 깨소금, 참기름, 다진 파·마늘
초간장 진간장 1큰술, 식초 1큰술, 설탕 1/2큰술

▶ 지급된 재료의 상태, 수량을 꼼꼼히 확인해주세요.
▶ 재료들은 흐르는 물에 깨끗이 세척하고, 소고기는 키친타월로 핏물을 제거해주세요.

Section 30 탕평채

만드는 과정

1. 숙주는 머리와 꼬리를 제거한다(거두절미).

2. 청포묵은 0.4cm × 0.4cm × 6cm로 썰고, 미나리는 잎과 뿌리를 제거한 뒤 4~5cm 길이로 썬다.

3. 냄비에 물이 끓으면 소금을 넣고 숙주 - 청포묵 - 미나리 순으로 데치고, 데친 재료는 찬물에 헹구어 소금과 참기름으로 양념한다.

4. 파와 마늘을 곱게 다진다.

5. 소고기는 얇게 채 썬 후 양념장(진간장 1작은술, 설탕 1/2작은술, 후추, 깨소금, 참기름, 다진 파·마늘)을 만들어 재워 둔다.

6. 황·백지단을 부쳐서 식힌다.

7. 달군 팬에 김을 구워낸 뒤, 잘게 부순다.

   Tip 김을 부술 때는 날리지 않도록 싱크대 쪽에서 부순다.

8. 황·백지단을 채 썬다.

9. 진간장 1큰술, 식초 1큰술, 설탕 1/2큰술을 넣어 초간장을 만든다.

10. 달군 팬에 기름을 두르고 양념한 고기를 볶는다.

11. 볼에 청포묵, 숙주, 미나리, 볶은 고기를 넣고 초간장과 함께 버무린다.

    Tip 버무릴 때는 묵이 부서지지 않도록 나무젓가락으로 살살 버무린다.

12. 완성 접시에 탕평채를 담고, 김가루와 지단을 고명으로 올려 마무리한다.

- 데치는 재료와 볶는 재료는 섞이지 않도록 구분해야 합니다.
- 국물이 아래로 고이지 않도록 제출 직전에 무쳐야 합니다.

Section 30 탕평채

Section **31**

화양적

35분
시험시간

요구사항

주어진 재료를 사용하여 다음과 같이 화양적을 만드시오.

1. 화양적은 0.6cm × 6cm × 6cm로 만드시오.
2. 달걀노른자로 지단을 만들어 사용하시오.
   (단, 달걀흰자 지단을 사용하는 경우 실격으로 처리됩니다.)
3. 화양적은 2꼬치를 만들고 잣가루를 고명으로 얹으시오.

빈출 조합

- 더덕생채(20분)
- 두부젓국찌개(20분)
- 무생채(15분)

실제 크기 확인

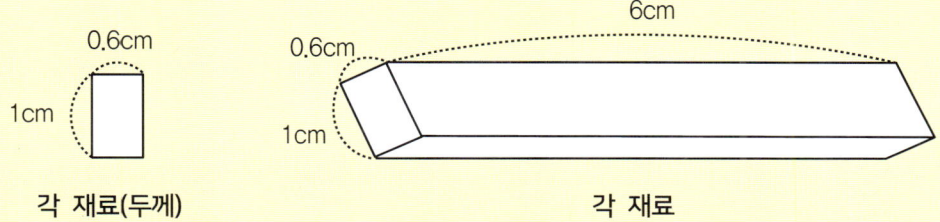

각 재료(두께)   각 재료

지급재료 목록

지급재료

- 소고기(살코기, 길이 7cm) 50g
- 건표고버섯(물에 불린 것, 지름 5cm, 부서지지 않은 것) 1개
- 통도라지(껍질 있는 것, 길이 20cm) 1개
- 오이(가늘고 곧은 것, 길이 20cm) 1/2개
- 당근(곧은 것, 길이 7cm) 50g
- 산적꼬치(길이 8~9cm) 2개
- 대파(흰 부분, 4cm) 1토막
- 마늘(중, 깐 것) 1쪽
- 달걀 2개
- 잣(깐 것) 10개
- 진간장 5mL
- 흰설탕 5g
- 참기름 5mL
- 깨소금 5g
- 검은후춧가루 2g
- 식용유 30mL
- 소금(정제염) 5g

양념장 진간장 1/2큰술, 설탕 1작은술, 참기름, 깨소금, 후추, 다진 파·마늘

▶ 지급된 재료의 상태, 수량을 꼼꼼히 확인해주세요.
▶ 재료들은 흐르는 물에 깨끗이 세척하고, 소고기는 키친타월로 핏물을 제거해주세요.

만드는 과정

1. 도라지는 껍질을 돌려 깎아 0.6cm × 1cm × 6cm 크기로 2개 이상 썰고, 당근도 도라지와 같은 크기로 2개 이상 썬다.

2. 끓는 물에 소금을 넣고 당근과 도라지를 데친 후, 찬물에 헹궈 식힌다.

3. 오이도 같은 크기로 2개 이상 썰고 소금을 뿌려 절인다.

4. 불린 표고버섯은 물기를 꼭 짜내고, 같은 크기로 썬다.

5. 파와 마늘을 곱게 다진다.

6. 소고기는 0.6cm × 1cm × 7cm로 썬은 후, 사선으로 칼집을 넣고 칼등으로 두들겨 모양을 잡는다.

> Tip 소고기는 수축하기 쉬우므로 충분히 칼집을 내고 두드려준다.

7. 진간장 1/2큰술, 설탕 1작은술, 참기름, 깨소금, 후추, 다진 파·마늘을 넣고 양념장을 만들어 고기를 재워 둔다.

8. 노른자는 2단 혹은 3단으로 접어 두껍게 부친 뒤, 한 김 식혀 채소들과 같은 크기로 2개 썬다.

9. 키친타월에 감싼 잣을 밀대로 밀어 으깨고, 잣가루를 만든다.

10. 팬에 기름을 두르고, 도라지 - 오이 - 당근 - 표고버섯 - 고기 순으로 볶는다.

Tip 재료는 약불로 볶아 색이 과하게 나지 않도록 주의한다.

Section 31 화양적 143

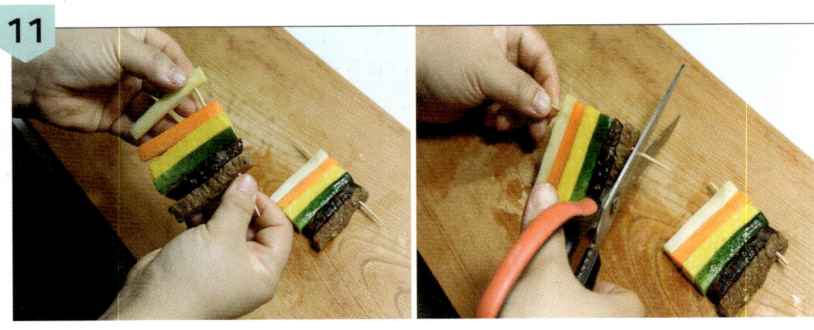

11. 재료의 색이 겹치지 않도록 꼬치에 끼운 뒤, 양 끝을 1cm 정도 남도록 자른다.

12. 다진 잣가루를 화양적 위에 고명으로 올려 완성한다.

- 소고기나 표고버섯의 길이가 짧은 것이 지급된 경우, 길이 그대로 사용하되 다른 재료의 길이는 요구사항대로 6cm를 맞춥니다.

Section 32

칠절판

40분
시험시간

요구사항

주어진 재료를 사용하여 다음과 같이 칠절판을 만드시오.

1. 밀전병은 지름이 8cm 되도록 6개를 만드시오.
2. 채소와 황·백지단, 소고기는 0.2cm × 0.2cm × 5cm 정도로 써시오.
3. 석이버섯은 곱게 채를 써시오.

빈출 조합

- 더덕생채(20분)
- 무생채(15분)
- 도라지생채(15분)

실제 크기 확인

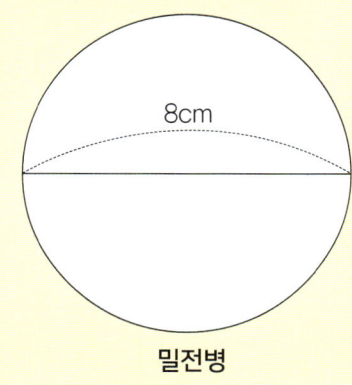

밀전병

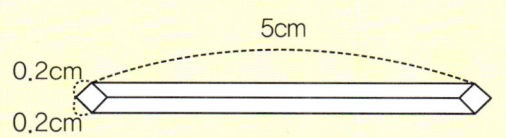

채소, 황·백지단, 소고기

지급재료 목록

지급재료

- 소고기(살코기, 길이 6cm) 50g
- 오이(가늘고 곧은 것, 길이 20cm) 1/2개
- 당근(곧은 것, 길이 7cm) 50g
- 달걀 1개
- 석이버섯(부서지지 않은 것, 마른 것) 5g
- 밀가루(중력분) 50g
- 진간장 20mL
- 마늘(중, 깐 것) 2쪽
- 대파(흰 부분, 4cm) 1토막
- 후추 1g
- 참기름 10mL
- 설탕 10g
- 깨소금 5g
- 식용유 30mL
- 소금(정제염) 10g

양념장 진간장 1/2큰술, 설탕 1작은술, 참기름 1작은술, 후추, 깨소금, 다진 파·마늘

▶ 지급된 재료의 상태, 수량을 꼼꼼히 확인해주세요.
▶ 모든 재료는 흐르는 물에 깨끗이 세척하고, 소고기는 키친타월로 핏물을 제거해주세요.
▶ 석이버섯은 물에 불려두고, 달걀은 황백을 나누어 미리 풀어두세요.

만드는 과정

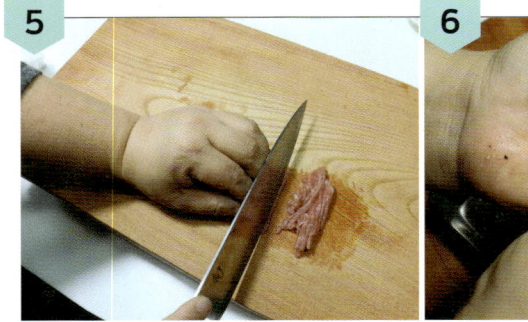

1. 밀가루 반죽(밀가루 6큰술, 물 6큰술, 소금 약간)을 먼저 만들어 숙성시켜 둔다.

2. 당근은 0.2cm × 0.2cm × 5cm 크기로 얇게 채 썰어 소금에 절인다.

3. 오이는 껍질을 돌려 깎아 0.2cm × 0.2cm × 5cm 크기로 얇게 채 썰어 소금에 절인다.

4. 파와 마늘을 곱게 다진다.

5. 소고기는 얇게 채 썬다.

6. 석이버섯은 소금으로 문질러 이끼를 제거하고 기둥을 떼어내 세척한 후, 버섯을 겹쳐 둥글게 말아 곱게 채 썰고 소금과 참기름으로 양념한다.

7. 진간장 1/2큰술, 설탕 1작은술, 참기름 1작은술, 후추, 깨소금, 다진 파·마늘을 넣고 양념장을 만들어 고기를 재워 둔다.

8. 황·백지단을 부쳐서 식힌다.

9. 밀전병을 부쳐서 식히고, 황·백지단을 일정하게 채 썬다.

10. 오이와 당근은 물기를 꼭 짜내고, 오이 – 당근 순으로 볶은 뒤 그릇에 펼쳐 식힌다.

11. 석이버섯 – 소고기 순으로 팬에 볶아내어 그릇에 펼쳐 식힌다.

12. 완성 접시 가운데 밀전병을 담고, 재료의 색이 겹치지 않도록 배치하여 돌려 담는다.

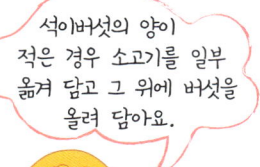

석이버섯의 양이 적은 경우 소고기를 일부 옮겨 담고 그 위에 버섯을 올려 담아요.

합격 Point

- 달걀을 미리 풀어두면 조직이 풀어져 부치기가 더 좋아집니다.
- 모든 재료는 최대한 얇게 채를 썰어야 둥글게 모양을 만들 수 있습니다.
- 각 재료는 색을 유지하기 위해 오래 볶지 않아야 합니다.

Section 33

비빔밥

50분
시험시간

요구사항

주어진 재료를 사용하여 다음과 같이 비빔밥을 만드시오.

1. 채소, 소고기, 황·백지단의 크기는 0.3cm × 0.3cm × 5cm로 써시오.
2. 호박은 돌려깎기하여 0.3cm × 0.3cm × 5cm로 써시오.
3. 청포묵의 크기는 0.5cm × 0.5cm × 5cm로 써시오.
4. 소고기는 고추장 볶음과 고명에 사용하시오.
5. 담은 밥 위에 준비된 재료들을 색 맞추어 돌려 담으시오.
6. 볶은 고추장은 완성된 밥 위에 얹어내시오.

빈출 조합

- 더덕생채(20분)
- 도라지생채(15분)
- 무생채(15분)

실제 크기 확인

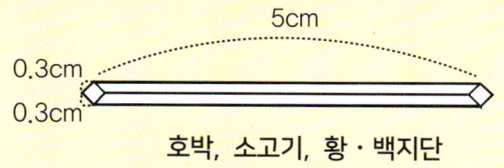
호박, 소고기, 황·백지단

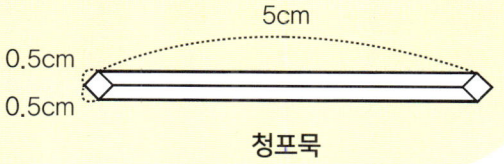
청포묵

지급재료 목록

지급재료

- 쌀(30분 정도 물에 불린 쌀) 150g
- 애호박(중, 길이 6cm) 60g
- 도라지(찢은 것) 20g
- 고사리(불린 것) 30g
- 청포묵(중, 길이 6cm) 40g
- 소고기(살코기) 30g
- 달걀 1개
- 건다시마(5 × 5cm) 1장
- 고추장 40g
- 식용유 30mL
- 대파(흰 부분, 4cm) 1토막
- 마늘(중, 깐 것) 2쪽
- 진간장 15mL
- 흰설탕 15g
- 깨소금 5g
- 검은후춧가루 1g
- 참기름 5mL
- 소금(정제염) 10g

간장양념 진간장 1큰술, 설탕 1/2큰술, 참기름, 깨소금, 후추, 다진 파·마늘
볶음고추장양념 고추장 3큰술, 설탕 1큰술, 참기름 1작은술, 물 2큰술

▶ 지급된 재료의 상태, 수량을 꼼꼼히 확인해주세요.
▶ 재료들은 흐르는 물에 깨끗이 세척하고, 소고기는 키친타월로 핏물을 제거해주세요.

만드는 과정

1. 쌀은 한번 씻어서 물기를 제거한 뒤, 계량컵에 담아 계량해둔다.

2. 청포묵은 0.5cm × 0.5cm × 5cm 크기로 썰어, 끓는 물에 데친다.

   Tip 고사리가 굵은 것이 지급되었다면, 청포묵을 데친 다음 고사리를 데쳐 사용한다.

3. 불린 쌀과 물을 1 : 1 동일한 비율로 맞춰 밥을 짓는다. 강불에서 끓이다가 물이 끓으면 뚜껑을 덮고 중불에서 3분 끓여주고, 약불로 줄여 5분간 뜸을 들인다.

4. 도라지는 0.3cm × 0.3cm × 5cm 크기로 채 썰어, 소금물에 절인다.

5. 애호박은 돌려 깎아 같은 크기로 채 썰어 소금을 살짝 뿌려 절이고, 고사리는 5cm 길이로 다듬는다.

6. 파와 마늘을 곱게 다진다.

7. 소고기는 0.3cm × 0.3cm × 6cm로 채 썰고, 그중 일부는 다져서 고추장볶음용으로 준비한다.

8. 간장양념(진간장 1큰술, 설탕 1/2큰술, 참기름, 깨소금, 후추, 다진 파·마늘)을 만들고 채 썬 소고기, 다진 소고기, 고사리에 양념한다.

9. 볶음고추장양념(고추장 3큰술, 설탕 1큰술, 참기름 1작은술, 물 2큰술)을 만든다.

10. 황·백지단을 부쳐 0.3cm × 0.3cm × 5cm로 채 썬다.

11. 팬에 식용유 2큰술을 넣고, 다시마를 튀겨 식힌 다음, 잘게 부순다.

Tip 다시마를 튀긴 기름은 그릇에 덜어두고 채소를 볶을 때 활용한다.

12. 도라지 – 애호박 – 고사리 – 소고기를 순서대로 볶는다.

   Tip 고사리는 부드럽게 하기 위해 볶는 중간에 물을 약간 넣는다.

13. 다진 소고기를 볶다가, 고추장양념을 넣고 약불에 볶는다.

14. 밥 위에 모든 재료를 색이 겹치지 않게 돌려 담고, 약고추장을 가운데에 올린 뒤 그 위에 부순 다시마를 올려 마무리 한다.

- 밥은 질지 않고 고슬고슬하게 지을 수 있도록 물의 양과 시간 조절에 유의합니다.
- 모든 재료는 색이 변하지 않도록 빠르게 볶아내야 합니다.
- 다양한 작업을 동시에 해야 하는 메뉴이므로, 작업 순서에 유의합니다.
- 다시마를 튀길 때 물기가 닿으면 기름이 튈 수 있으므로 물이 닿지 않도록 주의합니다.

합격 레시피 카드

01 도라지생채 15분

[만드는 과정]
1. 도라지를 6cm로 재단한 후, 껍질을 돌려 깎는다.
2. 도라지를 0.3cm로 편 썰고, 일정한 두께로 채 썬 후 소금물에 도라지를 절인다.
3. 파, 마늘을 다지고 양념장을 만든다.
   ▷ 양념장: 고추장 1큰술, 고춧가루 1큰술, 설탕 1작은술, 식초 1작은술, 깨소금, 다진 파·마늘
4. 절인 도라지의 소금기를 제거한 뒤, 수분을 제거한다.
5. 도라지에 양념장을 절반 정도 넣어 버무린다.
6. 완성 접시에 도라지생채를 정갈하게 돌려 담는다.

02 무생채 15분

[만드는 과정]
1. 무를 6cm로 재단한 후 껍집을 돌려 깎는다.
2. 무를 0.2cm로 채 썰고, 파, 마늘, 생강을 다진다.
3. 무채에 고춧가루를 넣고 버무려 1차로 색을 물들인다.
4. 무채에 양념을 넣어준다.
   ▷ 양념: 소금 1/4작은술, 설탕 작은술, 식초 1작은술, 다진 파·마늘·생강, 깨소금
5. 무생채를 잘 버무려준 뒤, 손으로 둥글게 모아 잡아 2~3번에 나누어 담는다.

03 더덕생채 20분

[만드는 과정]
1. 더덕을 5cm 길이로 재단한 후, 껍질을 옆으로 돌려 깎는다.
2. 더덕을 0.5cm로 편 썰은 후, 소금물에 절인다.
3. 절인 더덕을 물에 헹군 뒤, 마른행주 위에 올려 수분을 제거한다.
4. 밀대로 더덕을 여러 번 밀은 후 밀대 끝부분으로 두드려 편다.
5. 이쑤시개로 더덕을 얇게 찢어준다.
6. 더덕채에 고춧가루를 넣어 색을 낸다.
7. 양념장을 넣고 버무린 후 완성 접시에 담는다.
   ▷ 양념장: 설탕 1작은술, 소금 1/2작은술, 식초 1작은술, 깨소금, 다진 파·마늘

04 두부젓국찌개 20분

[만드는 과정]
1. 소금을 이용하여 굴을 세척한다.
2. 두부는 2cm × 3cm × 1cm, 실파는 3cm로 썬다.
3. 마늘은 다지고, 홍고추는 씨를 제거하여 3cm × 0.5cm로 썬다.
4. 새우젓을 다진 후, 면포에 짜서 새우젓 국물을 만든다.
5. 냄비에 물 2.5컵과 새우젓, 굴을 넣고 끓이다 굴이 반 정도 익으면 두부와 마늘을 넣는다.
6. 두부가 떠오르면 홍고추, 실파, 소금, 참기름을 넣는다.
7. 완성 그릇에 건더기를 먼저 담고, 국물이 200mL가 넘을 수 있도록 담는다.

합격 레시피 카드 **157**

01 도라지생채

[요구사항]

주어진 재료를 사용하여 다음과 같이 도라지생채를 만드시오.
1. 도라지는 0.3cm × 0.3cm × 6cm로 썰어 사용하시오.
2. 생채는 고추장과 고춧가루 양념으로 무쳐 제출하시오.

[지급재료]
- 통도라지 3개
- 소금(정제염) 5g
- 고추장 20g
- 흰설탕 10g
- 식초 15mL
- 대파 1토막
- 마늘 1쪽
- 깨소금 5g
- 고춧가루 10g

02 무생채

[요구사항]

주어진 재료를 사용하여 다음과 같이 무생채를 만드시오.
1. 무는 0.2cm × 0.2cm × 6cm로 썰어 사용하시오.
2. 생채는 고춧가루를 사용하시오.
3. 무생채는 70g 이상 제출하시오.

[지급재료]
- 무 120g
- 대파 1토막
- 마늘 1쪽
- 생강 5g
- 소금(정제염) 5g
- 고춧가루 10g
- 설탕 10g
- 식초 5mL
- 깨소금 5g

03 더덕생채

[요구사항]

주어진 재료를 사용하여 다음과 같이 더덕생채를 만드시오.
1. 더덕은 5cm로 썰어 두들겨 편 후 찢어서 쓴맛을 제거하여 사용하시오.
2. 고춧가루로 양념하고, 전량 제출하시오.

[지급재료]
- 통더덕 2개
- 마늘 1쪽
- 흰설탕 5g
- 식초 5mL
- 대파 1토막
- 소금(정제염) 5g
- 깨소금 5g
- 고춧가루 20g

04 두부젓국찌개

[요구사항]

주어진 재료를 사용하여 다음과 같이 두부젓국찌개를 만드시오.
1. 두부는 2cm × 3cm × 1cm로 써시오.
2. 홍고추는 0.5cm × 3cm, 실파는 3cm 길이로 써시오.
3. 소금과 다진 새우젓의 국물로 간하고, 국물을 맑게 만드시오.
4. 찌개의 국물은 200mL 이상 제출하시오.

[지급재료]
- 두부 100g
- 생굴 30g
- 실파 20g
- 홍고추(생) 1/2개
- 새우젓 10g
- 마늘 1쪽
- 참기름 5mL
- 소금(정제염) 5g

05 북어구이

[만드는 과정]
1. 북어 머리 부분을 가위로 잘라 제거하고, 세척한 북어는 젖은 면보에 감싸 둔다.
2. 파, 마늘을 다지고, 양념장을 만든다.
   ▷ 양념장: 고추장, 설탕, 간장, 후추, 깨소금, 참기름, 다진 파·마늘
3. 머리, 꼬리, 지느러미와 가시를 제거한 후 칼집을 넣어주고, 머리와 몸통 부분은 6cm, 꼬리 부분은 7cm 길이로 잘라 재단한다.
4. 유장(참기름 1큰술, 간장 1작은술)을 만들어 북어에 골고루 바른 후 달군 석쇠에 식용유를 발라 코팅하고 초벌한다.
5. 만들어둔 양념장을 생선에 골고루 바르고 석쇠에 올려 타지 않게 재벌한 후 완성 접시에 북어구이를 담아 마무리한다.

06 오이소박이

[만드는 과정]
1. 오이는 6.5cm 길이로 자르고, 3~4갈래 칼집을 넣어주되 양 끝 1cm를 남겨둔다.
2. 소금물을 만들고, 오이를 담가 절인다.
3. 부추는 1cm로 송송 썰고, 파, 마늘, 생강, 새우젓을 다진다.
4. 양념장을 만든다.
   ▷ 양념장: 고춧가루, 새우젓, 물, 다진 파·마늘·생강, 소금
5. 오이는 소금기를 씻어준 후 물기를 빼고 양념소를 넣는다.
6. 남은 양념에 물 2큰술과 소금 1/2작은술을 넣어 김치국물을 만들고, 완성 접시 위에 오이소박이를 올린 뒤 국물을 끼얹는다.

07 육원전

[만드는 과정]
1. 파와 마늘을 다지고, 수분을 제거한 두부를 으깨 다지며, 소고기도 다진다.
2. 소고기와 두부를 볼에 넣어 양념하고, 손으로 골고루 치대어 찰기가 생길 때까지 반죽한다.
   ▷ 소 양념: 다진 파·마늘, 소금, 설탕, 후추, 깨소금, 참기름
3. 지름 4.5cm, 두께 0.7cm의 동전 모양으로 완자 6개를 만들고, 겉면에 밀가루를 충분히 묻혀 모양을 잡는다.
4. 달걀을 풀어 겉면에 달걀물을 입히고 기름을 두른 팬에 약불로 속까지 충분히 익힌 후 완성 접시에 육원전을 정갈하게 담아 낸다.

08 육회

[만드는 과정]
1. 소고기는 젖은 면보로 감싸 핏물을 제거한다.
2. 배는 껍질을 벗겨 5cm × 0.4cm로 채 썰어 설탕물에 담가 놓은 후 마늘 2개는 편으로 썰고, 남은 마늘과 파는 다진다.
3. 잣은 밀대로 밀어 으깨고 잣가루를 만든다.
4. 소고기는 결 반대 방향으로 채 썰고 양념장을 넣어 버무린다.
   ▷ 양념장: 설탕, 소금, 참기름, 후추, 깨소금, 다진 파·마늘
5. 완성 접시에 수분을 제거한 배를 돌려 담고, 중앙에 양념한 고기를 올린 후 편 썬 마늘을 돌려 담고, 고기 위에 잣가루를 고명으로 올려 마무리한다.

06 오이소박이

[요구사항]
주어진 재료를 사용하여 다음과 같이 오이소박이를 만드시오.
1. 오이는 6cm 길이로 3토막 내시오.
2. 오이에 3~4갈래 칼집을 넣을 때 양쪽 끝이 1cm 남도록 하고, 절여 사용하시오.
3. 소를 만들 때 부추는 1cm 길이로 썰고, 새우젓은 다져 사용하시오.
4. 그릇에 묻은 양념을 이용하여 국물을 만들어 소박이 위에 부어내시오.

[지급재료]
- 오이 1개
- 부추 20g
- 새우젓 10g
- 고춧가루 10g
- 대파 1토막
- 마늘 1쪽
- 생강 10g
- 소금(정제염) 50g

05 북어구이

[요구사항]
주어진 재료를 사용하여 다음과 같이 북어구이를 만드시오.
1. 구워진 북어의 길이는 5cm로 하시오.
2. 유장으로 초벌구이하고, 고추장 양념으로 석쇠에 구우시오.
3. 완성품은 3개를 제출하시오.
   (단, 세로로 잘라 3/6토막 제출할 경우 수량 부족으로 실격 처리됩니다.)

[지급재료]
- 북어포 1마리
- 진간장 20mL
- 대파 1토막
- 마늘 2쪽
- 고추장 40g
- 흰설탕 10g
- 깨소금 5g
- 참기름 15mL
- 검은후춧가루 2g
- 식용유 10mL

08 육회

[요구사항]
주어진 재료를 사용하여 다음과 같이 육회를 만드시오.
1. 소고기는 0.3cm × 0.3cm × 6cm로 썰어 소금 양념으로 하시오.
2. 배는 0.3cm × 0.3cm × 5cm로 변색되지 않게 하여 가장자리에 돌려 담으시오.
3. 마늘은 편으로 썰어 장식하고 잣가루를 고명으로 얹으시오.
4. 소고기는 손질하여 전량 사용하시오.

[지급재료]
- 소고기 90g
- 배 1/4개
- 잣 5개
- 소금(정제염) 5g
- 마늘 3쪽
- 대파 2토막
- 검은후춧가루 2g
- 참기름 10mL
- 흰설탕 30g
- 깨소금 5g

07 육원전

[요구사항]
주어진 재료를 사용하여 다음과 같이 육원전을 만드시오.
1. 육원전은 지름 4cm, 두께 0.7cm가 되도록 하시오.
2. 달걀은 흰자, 노른자를 혼합하여 사용하시오.
3. 육원전은 6개를 제출하시오.

[지급재료]
- 소고기 70g
- 두부 30g
- 밀가루(중력분) 20g
- 달걀 1개
- 대파 1토막
- 검은후춧가루 2g
- 참기름 5mL
- 소금(정제염) 5g
- 마늘 1쪽
- 식용유 30mL
- 깨소금 5g
- 흰설탕 5g

09 표고전

[만드는 과정]
1. 표고버섯은 물기를 빼고 기둥을 제거한 후, 파와 마늘을 다지고, 수분을 제거한 두부를 으깨 다지며, 소고기도 다진다.
2. 소고기와 두부를 볼에 넣어 양념하고, 손으로 골고루 치대어 찰기가 생길 때까지 반죽한다.
   ▷ 소 양념: 다진 파·마늘, 소금, 설탕, 후추, 깨소금, 참기름
3. 표고 안쪽에 양념(진간장, 설탕, 참기름)을 발라주고, 밀가루를 얇게 묻힌 후 양념한 고기 소를 채워 넣는다.
4. 달걀을 풀어 고기 소가 있는 면에 밀가루 - 달걀물 순서로 묻힌 뒤, 약불로 속까지 충분히 익혀 완성 접시에 표고전을 정갈하게 담아 마무리한다.

10 홍합초

[만드는 과정]
1. 홍합은 안쪽의 족사를 제거한 후 끓는 물에 30초간 데친다.
2. 대파는 2cm로 토막내고, 마늘과 생강은 편 썰은 후, 잣을 으깨어 잣가루를 만든다.
3. 냄비에 물과 양념을 넣고 끓인다.
   ▷ 양념: 진간장, 설탕, 후추, 마늘 편, 생강 편
4. 국물이 반으로 졸아들면, 홍합과 대파를 넣어 강불로 졸이고 국물이 자작해지면, 설탕과 참기름을 넣는다.
5. 완성 접시에 홍합초를 담고, 국물을 끼얹어 준 뒤, 잣가루를 고명으로 올려 마무리한다.

11 너비아니구이

[만드는 과정]
1. 배는 강판에 갈아 즙을 내고, 잣은 으깨어 다지고, 파, 마늘도 다진다.
2. 소고기를 너비 5cm × 길이 6cm 길이로 재단한 뒤, 0.4cm 두께로 포를 떠 칼집을 내고, 칼등으로 두드려서 편 후, 배즙 2큰술을 포 뜬 고기 위에 뿌려 재운다.
3. 양념장을 만들어 고기에 뿌려 재운 후 석쇠에서 강불로 굽는다.
   ▷ 양념장: 진간장, 설탕, 참기름, 깨소금, 다진 파·마늘
4. 중불로 불을 조절해가며 타지 않게 익혀 완성 접시에 담은 후 잣가루를 고명으로 올려 마무리한다.

12 두부조림

[만드는 과정]
1. 두부는 3cm × 4.5cm 규격의 직사각형 형태로 다듬고 0.8cm 두께로 잘라 8조각을 만들어 소금을 뿌린다.
2. 대파는 3cm로 채 썰고, 실고추도 3cm로 자른 후, 마늘을 다져 양념장을 만든다.
   ▷ 양념장: 진간장, 참기름, 설탕, 깨소금, 후추, 다진 마늘
3. 두부는 겉면의 수분을 제거하고 기름 두른 팬에 노릇하게 구워 냄비에 옮겨 담는다.
4. 물과 양념장을 넣어 졸여들면 잠시 불을 끄고, 파채와 실고추를 고명으로 올린 후 국물이 3큰술 정도 남을 때까지 더 졸이다가 완성 접시에 담고 남은 국물을 올려준다.

10 홍합초

[요구사항]
주어진 재료를 사용하여 다음과 같이 홍합초를 만드시오.
1. 마늘과 생강은 편으로, 파는 2cm로 써시오.
2. 홍합은 데쳐서 전량 사용하고, 촉촉하게 보이도록 국물을 끼얹어 제출하시오.
3. 잣가루를 고명으로 얹으시오.

[지급재료]
- 생홍합 100g
- 대파 1토막
- 검은후춧가루 2g
- 참기름 5mL
- 마늘 2쪽
- 진간장 40mL
- 생강 15g
- 흰설탕 10g
- 잣 5개

09 표고전

[요구사항]
주어진 재료를 사용하여 다음과 같이 표고전을 만드시오.
1. 표고버섯과 속은 각각 양념하여 사용하시오.
2. 표고전은 5개를 제출하시오.

[지급재료]
- 건표고버섯 5개
- 소고기 30g
- 두부 15g
- 밀가루(중력분) 20g
- 달걀 1개
- 대파 1토막
- 검은후춧가루 1g
- 참기름 5mL
- 소금(정제염) 5g
- 깨소금 5g
- 마늘 1쪽
- 식용유 20mL
- 진간장 5mL
- 흰설탕 5g

12 두부조림

[요구사항]
주어진 재료를 사용하여 다음과 같이 두부조림을 만드시오.
1. 두부는 0.8cm × 3cm × 4.5cm로 잘라 지져서 사용하시오.
2. 8쪽을 제출하고, 촉촉하게 보이도록 국물을 약간 끼얹어 내시오.
3. 실고추와 파채를 고명으로 얹으시오.

[지급재료]
- 두부 200g
- 대파 1토막
- 실고추 1g
- 검은후추가루 1g
- 참기름 5mL
- 소금(정제염) 5g
- 마늘 1쪽
- 식용유 30mL
- 진간장 15mL
- 깨소금 5g
- 흰설탕 5g

11 너비아니구이

[요구사항]
주어진 재료를 사용하여 다음과 같이 너비아니구이를 만드시오.
1. 완성된 너비아니는 0.5cm × 4cm × 5cm로 하시오.
2. 석쇠를 사용하여 굽고, 6쪽 제출하시오.
3. 잣가루를 고명으로 얹으시오.

[지급재료]
- 소고기 100g
- 진간장 50mL
- 대파 1토막
- 마늘 2쪽
- 검은후춧가루 2g
- 흰설탕 10g
- 깨소금 5g
- 참기름 10mL
- 배 1/8개
- 식용유 10mL
- 잣 5개

13 생선전

[만드는 과정]
1. 손질한 생선을 물로 씻은 후 물기를 제거하고 등과 배 부분에 칼집을 내고 3장뜨기한다.
2. 껍질을 제거하고 흐르는 물에 세척한 후 물기를 제거하고 가로 5cm × 세로 6cm로 포를 뜨고 소금과 흰후춧가루를 뿌려 밑간을 한다.
3. 생선살에 밀가루 – 달걀물 순서로 묻히고, 약불에 달군 팬에 기름을 두르고 색이 진하게 나지 않도록 익혀준다.
4. 완성 접시에 8개의 생선전을 담아 마무리한다.

14 재료 썰기

[만드는 과정]
1. 달걀은 흰자와 노른자를 분리한 뒤, 알끈을 제거하고 약간의 소금을 넣어 잘 풀어 둔다.
2. 무와 오이는 5cm 길이로 재단하여 껍질을 돌려 깎고, 0.2cm 두께로 일정하게 채 썬다.
3. 달군 팬에 기름 코팅을 한 후 황·백지단을 부친다.
4. 당근 껍질을 돌려 깎은 후 0.2cm × 5cm × 1.5cm로 골패 썰기를 완성한다.
5. 식혀둔 지단을 1.5cm 폭으로 재단하여 마름모꼴로 어슷 썰어 각 10개씩 만들고, 나머지 지단은 일정한 두께로 채 썬다.

15 풋고추전

[만드는 과정]
1. 풋고추는 반을 갈라 씨를 빼고 머리와 꼬리 부분 4개를 5cm로 재단한 후 끓는 소금물에 데친 뒤 찬물에 식힌다.
2. 파와 마늘을 곱게 다지고, 수분을 제거한 두부를 으깨 다지며, 소고기도 다진다.
3. 소고기와 두부를 볼에 넣어 양념하고, 손으로 골고루 치대어 찰기가 생길 때까지 반죽한다.
   ▷ 소 양념: 다진 파·마늘, 소금, 설탕, 후추, 깨소금, 참기름
4. 풋고추 안쪽에 밀가루를 얇게 묻히고, 고기 소를 꾹꾹 눌러가며 채운 뒤 고기 소가 있는 면에 밀가루 – 달걀물 순서로 묻힌다.
5. 약불로 속까지 익히고 키친타월에 기름기를 살짝 제거한 후 완성 접시에 풋고추전을 정갈하게 담는다.

16 더덕구이

[만드는 과정]
1. 세척한 더덕의 껍질을 옆으로 돌려 깎는다.
2. 일반 두께의 더덕은 칼집을 한 번, 두꺼운 더덕은 앞뒤 1/3 지점에 칼집을 넣은 후 소금물에 넣어 절인다.
3. 양념장을 만들어 더덕 양쪽에 골고루 묻힌다.
   ▷ 양념장: 고추장, 참기름, 설탕, 깨소금, 다진 파·마늘
4. 밀대로 더덕을 밀어 편 후 유장을 만들어 더덕 양쪽에 골고루 묻힌다.
5. 석쇠에 유장을 바른 더덕을 올려 양쪽을 초벌하고, 더덕에 양념장을 바르고 재벌한 후 완성 접시에 더덕구이를 정갈하게 담는다.

14 재료 썰기

[요구사항]
주어진 재료를 사용하여 다음과 같이 재료 썰기를 하시오.
1. 무, 오이, 당근, 달걀지단을 썰기 하여 전량 제출하시오.
   (단, 재료별 써는 방법이 틀렸을 경우 실격 처리됩니다.)
2. 무는 채 썰기, 오이는 돌려 깎기하여 채 썰기, 당근은 골패 썰기를 하시오.
3. 달걀은 흰자와 노른자를 분리하여 알끈과 거품을 제거하고 지단을 부쳐 완자(마름모꼴) 모양으로 각 10개를 썰고, 나머지는 채 썰기를 하시오.
4. 재료 썰기의 크기는 다음과 같이 하시오.
   - 채 썰기: 0.2cm × 0.2cm × 5cm
   - 골패 썰기: 0.2cm × 1.5cm × 5cm
   - 마름모형 썰기: 한 면의 길이가 1.5cm

[지급재료]
- 무 100g
- 오이 1/2개
- 당근 1토막
- 달걀 3개
- 식용유 20mL
- 소금 10g

13 생선전

[요구사항]
주어진 재료를 사용하여 다음과 같이 생선전을 만드시오.
1. 생선은 세장 뜨기하여 껍질을 벗겨 포를 뜨시오.
2. 생선전은 0.5cm × 5cm × 4cm로 만드시오.
3. 달걀은 흰자, 노른자를 혼합하여 사용하시오.
4. 생선전은 8개 제출하시오.

[지급재료]
- 동태 1마리
- 밀가루(중력분) 30g
- 달걀 1개
- 소금(정제염) 10g
- 흰후춧가루 2g
- 식용유 50mL

16 더덕구이

[요구사항]
주어진 재료를 사용하여 다음과 같이 더덕구이를 만드시오.
1. 더덕은 껍질을 벗겨 사용하시오.
2. 유장으로 초벌구이하고, 고추장 양념으로 석쇠에 구우시오.
3. 완성품은 전량 제출하시오.

[지급재료]
- 통더덕 3개
- 진간장 10mL
- 대파 1토막
- 마늘 1쪽
- 고추장 30g
- 흰설탕 5g
- 깨소금 5g
- 참기름 10mL
- 소금(정제염) 10g
- 식용유 10mL

15 풋고추전

[요구사항]
주어진 재료를 사용하여 다음과 같이 풋고추전을 만드시오.
1. 풋고추는 5cm 길이로, 소를 넣어 지져 내시오.
2. 풋고추는 잘라 데쳐서 사용하며, 완성된 풋고추전은 8개를 제출하시오.

[지급재료]
- 풋고추 2개
- 소고기 30g
- 두부 15g
- 밀가루(중력분) 15g
- 달걀 1개
- 대파 1토막
- 검은후춧가루 1g
- 참기름 5mL
- 소금(정제염) 5g
- 깨소금 5g
- 마늘 1쪽
- 식용유 20mL
- 흰설탕 5g

17 생선양념구이

[만드는 과정]
1. 생선 모양을 살려 손질하고 흐르는 물에 깨끗이 세척한다.
2. 물기를 제거한 후 앞뒤에 3cm 간격으로 칼집을 내고, 앞뒤로 소금을 뿌려 둔다.
3. 파와 마늘을 다지고, 양념장을 만든다.
   ▷ 양념장: 설탕, 고추장, 깨소금, 후추, 참기름, 다진 파·마늘
4. 유장을 만들어 조기 앞뒤로 바르고 석쇠에 올려 초벌한 후, 양념장을 발라 재벌한다.
5. 완성 접시에 생선양념구이를 담을 때는 머리가 왼쪽, 꼬리는 오른쪽, 배 부분이 아래쪽으로 가도록 담는다.

18 생선찌개

[만드는 과정]
1. 생선은 지느러미와 비늘을 제거하고 내장을 손질하여 몸통은 5~6cm, 꼬리는 7cm로 토막낸 후 찬물에 담가 핏물을 제거한다.
2. 두부, 무, 호박, 실파, 쑥갓을 요구사항 규격에 맞게 썬다.
3. 고추는 4cm 크기로 어슷썬 후 물에 담가 씨를 제거하고 마늘과 생강을 다진다.
4. 냄비에 물, 고추장, 고춧가루, 무를 넣고 끓어 오르면 생선을 넣고 끓이다 호박을 넣고 끓인다.
5. 재료가 다 익으면 다진 마늘과 생강, 두부, 청홍고추를 넣고 소금으로 간을 한 뒤, 실파를 넣고 불을 끈다.
6. 완성 그릇에 재료들이 잘 보이도록 담고, 쑥갓으로 장식한다.

19 섭산적

[만드는 과정]
1. 파와 마늘을 다지고, 수분을 제거한 두부를 으깨 다지며, 소고기도 다진다.
2. 소고기와 두부를 3:1 비율로 볼에 넣어 양념하고, 손으로 골고루 치대어 찰기가 생길 때까지 반죽한다.
   ▷ 소 양념: 다진 파·마늘, 소금, 설탕, 후추, 깨소금, 참기름
3. 호일 위에 가로, 세로 9cm의 평평한 정사각형을 만들어 칼로 잔칼집을 넣어가며 모양을 잡는다.
4. 달군 석쇠에 섭산적을 올려 중불에서 타지 않도록 돌려가며 충분히 익힌다.
5. 섭산적을 가로, 세로 6.5cm의 정사각형으로 만든 다음, 9등분으로 썰어 완성 접시에 담고 다진 잣가루를 올려 장식한다.

20 오징어 볶음

[만드는 과정]
1. 오징어는 내장을 제거한 후 껍질을 벗기고 깨끗이 세척한다.
2. 양파는 1cm로, 대파와 청홍고추는 어슷하게 썰고 고추씨를 제거한다. 마늘은 다지고 생강은 강판에 갈아 생강즙을 낸다.
3. 오징어는 0.3cm 간격으로 어슷하게 칼집을 낸 후, 가로 4cm, 세로 2cm로 썰고, 다리는 4cm로 잘라 2~3등분한다.
4. 양념장을 만든 후 강한 불에서 오징어를 볶다가 바로 양파를 넣고 익히다 양념장을 넣어 고루 섞는다.
   ▷ 양념장: 고추장, 고춧가루, 설탕, 진간장, 참기름, 깨소금, 후추, 다진 마늘
5. 홍고추, 풋고추, 대파, 참기름을 넣고 살짝만 더 볶아 마무리한 후 완성 접시에 오징어 볶음을 정갈하게 담는다.

18 생선찌개

[요구사항]
주어진 재료를 사용하여 다음과 같이 생선찌개를 만드시오.
1. 생선은 4~5cm의 토막으로 자르시오.
2. 무, 두부는 2.5cm × 3.5cm × 0.8cm로 써시오.
3. 호박은 0.5cm 반달형, 고추는 통 어슷썰기, 쑥갓과 파는 4cm로 써시오.
4. 고추장, 고춧가루를 사용하여 만드시오.
5. 각 재료는 익는 순서에 따라 조리하고, 생선살이 부서지지 않도록 하시오.
6. 생선머리를 포함하여 전량 제출하시오.

[지급재료]
- 동태 1마리
- 무 60g
- 애호박 30g
- 두부 60g
- 풋고추 1개
- 홍고추 1개
- 쑥갓 10g
- 마늘 2쪽
- 생강 10g
- 실파 40g
- 고추장 30g
- 소금(정제염) 10g
- 고춧가루 10g

17 생선양념구이

[요구사항]
주어진 재료를 사용하여 다음과 같이 생선양념구이를 만드시오.
1. 생선은 머리와 꼬리를 포함하여 통째로 사용하고 내장은 아가미쪽으로 제거하시오.
2. 칼집 넣은 생선은 유장으로 초벌구이하고, 고추장양념으로 석쇠에 구우시오.
3. 생선구이는 머리 왼쪽, 배 앞쪽 방향으로 담아내시오.

[지급재료]
- 조기 1마리
- 진간장 20mL
- 대파 1토막
- 마늘 1쪽
- 고추장 40g
- 흰설탕 5g
- 깨소금 5g
- 참기름 5mL
- 소금(정제염) 20g
- 검은후춧가루 2g
- 식용유 10mL

20 오징어 볶음

[요구사항]
주어진 재료를 사용하여 다음과 같이 오징어 볶음을 만드시오.
1. 오징어는 0.3cm 폭으로 어슷하게 칼집을 넣고, 크기는 4cm × 1.5cm로 써시오.
   (단, 오징어 다리는 4cm 길이로 자른다.)
2. 고추, 파는 어슷썰기, 양파는 폭 1cm로 써시오.

[지급재료]
- 물오징어 1마리
- 소금(정제염) 5g
- 진간장 10mL
- 흰설탕 20g
- 참기름 10mL
- 깨소금 5g
- 풋고추 1개
- 홍고추 1개
- 양파 1/3개
- 마늘 2쪽
- 대파 1토막
- 생강 5g
- 고춧가루 15g
- 고추장 50g
- 검은후춧가루 2g
- 식용유 30mL

19 섭산적

[요구사항]
주어진 재료를 사용하여 다음과 같이 섭산적을 만드시오.
1. 고기와 두부의 비율을 3 : 1로 하시오.
2. 다져서 양념한 소고기는 크게 반대기를 지어 석쇠에 구우시오.
3. 완성된 섭산적은 0.7cm × 2cm × 2cm로 9개 이상 제출하시오.
4. 잣가루를 고명으로 얹으시오.

[지급재료]
- 소고기 80g
- 두부 30g
- 대파 1토막
- 마늘 1쪽
- 소금(정제염) 5g
- 흰설탕 10g
- 깨소금 5g
- 참기름 5mL
- 검은후추가루 2g
- 잣 10개
- 식용유 30mL

21 완자탕

[만드는 과정]
1. 사태를 넣고 육수를 끓인다.
2. 파와 마늘을 다지고, 수분을 제거한 두부를 으깨 다지며, 소고기도 다진다.
3. 소고기와 두부를 볼에 넣어 양념하고, 손으로 골고루 치대어 찰기가 생길 때까지 반죽한 후 지름 3cm 정도의 구 형태로 6개의 완자를 만든다.
4. 황·백지단을 1.5~2cm 정도의 마름모 꼴로 썬다.
5. 완자 겉에 밀가루 – 달걀물 순으로 묻혀주고, 팬에 완자를 굴려가며 익힌다.
6. 육수는 국간장과 소금으로 색과 간을 맞추며 끓어오르면 완자를 넣고, 불을 줄여 뭉근하게 끓인다.
7. 국그릇에 완자를 담고, 국물을 300mL 정도 부어준 뒤 지단으로 장식한다.

22 장국죽

[만드는 과정]
1. 불린 쌀알은 수분을 제거한 후 부숴 싸라기를 만든다.
2. 표고버섯은 얇게 포를 뜬 후 3cm 길이로 채 썰고, 소고기는 다진다.
3. 파와 마늘을 다지고 양념을 만들어 소고기와 표고버섯을 양념한다.
   ▷ 양념장: 진간장, 참기름, 후추, 깨소금, 다진 파·마늘
4. 냄비에 참기름을 두르고, 소고기와 버섯을 볶다 불린 쌀을 함께 볶아주고, 쌀의 2배 분량의 물을 넣고 강불에서 끓인다.
5. 내용물이 끓어오르면 쌀의 3배 분량의 물을 추가로 넣고 쌀알이 퍼질 때까지 끓여주다 국간장과 소금으로 색과 간을 맞춘다.
6. 완성 그릇에 장국죽을 담고, 표고버섯이 보이도록 다듬어 완성한다.

23 제육구이

[만드는 과정]
1. 파와 마늘은 곱게 다지고, 생강은 강판에 갈아 즙을 만든다.
2. 핏물과 기름기를 제거한 돼지고기는 4.5cm × 5.5cm로 재단하고 0.5cm 두께로 포를 뜬 후 양쪽 면에 사선으로 촘촘한 칼집을 넣고 칼등으로 두들겨 편다.
3. 고추장양념을 만들어 고기 앞뒤에 발라 재운 후 달군 석쇠에 올려 타지 않게 돌려가며 굽는다.
   ▷ 고추장양념: 고추장, 설탕, 참기름, 진간장, 깨소금, 후추, 다진 파·마늘, 생강즙
4. 완성 접시에 제육구이를 정갈하게 담아 마무리한다.

24 콩나물밥

[만드는 과정]
1. 콩나물은 깨끗이 씻어 꼬리 부분을 다듬고, 불린 쌀은 깨끗이 씻어 수분을 제거한 뒤 계량한다.
2. 파와 마늘을 다지고, 핏물을 제거한 소고기는 일정한 두께로 채 썬 후 간장양념을 만들어 버무린다.
   ▷ 간장양념: 진간장, 참기름, 다진 파·마늘
3. 냄비에 쌀과 물을 1:0.9 비율로 넣고, 밥 위에 콩나물 – 양념한 소고기를 올려 강불로 끓이다가, 끓으면 뚜껑을 덮고 약불로 줄인 뒤 5분간 더 끓여준다.
4. 밥에 구멍이 송송 나면서 거품이 사라지면 불을 끄고 5분 이상 뜸을 들인 후, 모든 재료를 골고루 잘 섞어준 뒤 소고기와 콩나물이 잘 보이도록 완성 그릇에 담는다.

22 장국죽

[요구사항]
주어진 재료를 사용하여 다음과 같이 장국죽을 만드시오.
1. 불린 쌀을 반 정도로 싸라기를 만들어 죽을 쑤시오.
2. 소고기는 다지고 불린 표고는 3cm 정도의 길이로 채 써시오.

[지급재료]
- 쌀 100g
- 소고기 20g
- 건표고버섯 1개
- 대파 1토막
- 마늘 1쪽
- 국간장 10mL
- 진간장 10mL
- 검은후춧가루 1g
- 참기름 10mL
- 깨소금 5g

21 완자탕

[요구사항]
주어진 재료를 사용하여 다음과 같이 완자탕을 만드시오.
1. 완자는 지름 3cm로 6개를 만들고, 국 국물의 양은 200mL 이상 제출하시오.
2. 달걀은 지단과 완자용으로 사용하시오.
3. 고명으로 황백지단(마름모꼴)을 각 2개씩 띄우시오.

[지급재료]
- 소고기(살코기) 50g
- 소고기(사태부위) 20g
- 달걀 1개
- 대파 1/2토막
- 밀가루(중력분) 10g
- 마늘 2쪽
- 식용유 20mL
- 소금(정제염) 10g
- 검은후춧가루 2g
- 두부 15g
- 키친타월 1장
- 국간장 5mL
- 참기름 5mL
- 깨소금 5g
- 흰설탕 5g

24 콩나물밥

[요구사항]
주어진 재료를 사용하여 다음과 같이 콩나물밥을 만드시오.
1. 콩나물은 꼬리를 다듬고 소고기는 채 썰어 간장양념을 하시오.
2. 밥을 지어 전량 제출하시오.

[지급재료]
- 쌀 150g
- 콩나물 60g
- 소고기(살코기) 30g
- 대파 1/2토막
- 마늘 1쪽
- 진간장 5mL
- 참기름 5mL

23 제육구이

[요구사항]
주어진 재료를 사용하여 다음과 같이 제육구이를 만드시오.
1. 완성된 제육은 0.4cm × 4cm × 5cm로 하시오.
2. 고추장 양념하여 석쇠에 구우시오.
3. 제육구이는 전량 제출하시오.

[지급재료]
- 돼지고기(등심 또는 볼깃살) 150g
- 고추장 40g
- 진간장 10mL
- 대파 1토막
- 마늘 2쪽
- 검은후춧가루 2g
- 흰설탕 15g
- 깨소금 5g
- 참기름 5mL
- 생강 10g
- 식용유 10mL

25 겨자채

[만드는 과정]
1. 냄비에 물이 끓으면 소금 1/2큰술과 고기를 넣어 삶는다.
2. 볼에 겨자와 물을 넣어 되직하게 개어주고 편육 냄비 뚜껑 위에 엎어 발효시킨다.
3. 오이와 당근, 양배추는 0.3cm × 1cm × 4cm 규격으로 썰고 싱싱하게 물에 담가두고, 삶은 편육을 젖은 면보에 감싸 모양을 잡아주며 식힌 후 황·백지단을 부친다.
4. 배는 규격에 맞게 썰고, 밤은 납작하게 편 썰어 설탕물에 담가둔다.
5. 편육과 황·백지단을 규격에 맞게 썰고 손질이 끝난 재료들은 수분을 제거한다.
6. 겨자소스를 넣어 버무리다가 지단을 추가로 넣어 살살 버무리고, 완성 접시에 겨자채를 담고 잣 고명을 올려 마무리한다.

26 미나리강회

[만드는 과정]
1. 미나리를 손질하는 동안 달걀 흰자와 노른자를 나누어 풀어두고, 끓는 물에 소금과 미나리를 20초 정도 데친 뒤 찬물에 담가 식히고, 소고기를 넣고 삶는다.
2. 홍고추를 4cm × 0.5cm로 썰고, 식혀둔 미나리도 동일하게 다듬고, 초고추장(고추장, 식초, 설탕)을 만든다.
3. 황·백지단을 부쳐 식히고 5cm × 1.5cm 크기로 각 8개씩 만든 후에, 삶은 고기를 5cm × 1.5cm 크기로 썰어 8개를 준비한다.
4. 고기 - 백지단 - 황지단 - 홍고추 순서로 쌓고, 미나리로 돌려 감싼 후 완성 접시에 미나리강회를 정갈하게 담고, 초고추장과 함께 제출한다.

27 배추김치

[만드는 과정]
1. 씻은 배추는 체에 밭쳐 물기를 빼주고 찹쌀풀을 만든다.
2. 무는 껍질을 제거하여, 0.3cm × 0.3cm × 5cm 규격으로 채 썬 후 고춧가루 2큰술을 넣고 버무려 색을 들인다.
3. 갓, 실파, 미나리, 대파는 4cm 길이로 채 썰고, 마늘, 생강, 새우젓을 다져 양념을 만든다.
   ▷ 양념: 찹쌀풀, 멸치액젓, 고춧가루, 설탕, 소금, 채 썬 대파, 다진 마늘·생강·새우젓
4. 양념에 무채를 넣고 고루 섞은 후 갓, 미나리, 실파를 마지막에 넣어 가볍게 섞는다.
5. 넓은 접시에 배추를 올려두고, 속재료를 잎 사이사이 골고루 채운 후 겉잎을 잡아 포기 전체를 감싸 고정한다.

28 잡채

[만드는 과정]
1. 당면은 10cm로 잘라 물에 불리고, 숙주는 거두절미하여 데친 후 식혀서 물기를 제거하고 소금과 참기름으로 양념한다.
2. 오이와 당근, 도라지는 0.3cm × 0.3cm × 6cm으로 채 썬다. 도라지는 소금물에 절인 뒤 헹구고 물기를 짜서 준비한다.
3. 양파와 표고버섯, 소고기는 0.3cm × 0.3cm × 6cm로 채 썰고, 목이버섯은 3cm로 뜯어주고, 파와 마늘은 다진다.
4. 불린 당면은 삶아 물기를 뺀 뒤 유장으로 양념하고, 소고기, 표고버섯, 목이버섯을 간장양념해 준다.
5. 황·백지단을 4cm × 0.2cm × 0.2cm로 채 썰고, 팬에 양파, 도라지, 오이, 당근, 목이버섯, 표고버섯, 소고기 순서대로 볶는다.
6. 볶은 재료들을 숙주와 함께 잘 버무린 후, 완성 접시에 담고 황·백지단을 고명으로 올린다.

26 미나리강회

[요구사항]
주어진 재료를 사용하여 다음과 같이 미나리강회를 만드시오.
1. 강회의 폭은 1.5cm, 길이는 5cm로 만드시오.
2. 붉은 고추의 폭은 0.5cm, 길이는 4cm로 만드시오.
3. 달걀은 황·백지단으로 사용하시오.
4. 강회는 8개 만들어 초고추장과 함께 제출하시오.

[지급재료]
- 소고기(살코기) 80g
- 미나리 30g
- 홍고추 1개
- 달걀 2개
- 고추장 15g
- 식초 5mL
- 흰설탕 5g
- 소금(정제염) 5g
- 식용유 10mL

25 겨자채

[요구사항]
주어진 재료를 사용하여 다음과 같이 겨자채를 만드시오.
1. 채소, 편육, 황·백지단, 배는 0.3cm × 1cm × 4cm로 써시오.
2. 밤은 모양대로 납작하게 써시오.
3. 겨자는 발효시켜 매운맛이 나도록 하여 간을 맞춘 후 재료를 무쳐서 담고, 통잣을 고명으로 올리시오.

[지급재료]
- 양배추 50g
- 오이 1/3개
- 당근 50g
- 소고기(살코기) 50g
- 밤 2개
- 달걀 1개
- 배 1/8개
- 흰설탕 20g
- 잣 5개
- 소금(정제염) 5g
- 식초 10mL
- 진간장 5mL
- 겨자가루 6g
- 식용유 10mL

28 잡채

[요구사항]
주어진 재료를 사용하여 다음과 같이 잡채를 만드시오.
1. 소고기, 양파, 오이, 당근, 도라지, 표고버섯은 0.3cm × 0.3cm × 6cm로 썰어 사용하시오.
2. 숙주는 데치고 목이버섯은 찢어서 사용하시오.
3. 당면은 삶아서 유장처리하여 볶으시오.
4. 황·백지단은 0.2cm × 0.2cm × 4cm로 썰어 고명으로 얹으시오.

[지급재료]
- 당면 20g
- 소고기 30g
- 건표고버섯 1개
- 건목이버섯 2개
- 양파 1/3개
- 오이 1/3개
- 당근 50g
- 통도라지 1개
- 숙주 20g
- 흰설탕 10g
- 대파 1토막
- 마늘 2쪽
- 진간장 20mL
- 식용유 50mL
- 깨소금 5g
- 검은후춧가루 1g
- 참기름 5mL
- 소금(정제염) 15g
- 달걀 1개

27 배추김치

[요구사항]
주어진 재료를 사용하여 다음과 같이 배추김치를 만드시오.
1. 배추는 씻어 물기를 빼시오.
2. 찹쌀가루로 찹쌀풀을 쑤어 식혀 사용하시오.
3. 무는 0.3cm × 0.3cm × 5cm 크기로 채 썰어 고춧가루로 버무려 색을 들이시오.
4. 실파, 갓, 미나리, 대파(채 썰기)는 4cm로 썰고, 마늘, 생강, 새우젓은 다져 사용하시오.
5. 소의 재료를 양념하여 버무려 사용하시오.
6. 소를 배춧잎 사이사이에 고르게 채워 반을 접어 바깥잎으로 전체를 싸서 담아내시오.

[지급재료]
- 절임배추 1/4포기
- 무 100g
- 실파 20g
- 갓 20g
- 미나리 10g
- 찹쌀가루 10g
- 새우젓 20g
- 멸치액젓 10mL
- 대파 1토막
- 마늘 2쪽
- 생강 10g
- 고춧가루 50g
- 소금(재제염) 10g
- 흰설탕 10g

29 지짐누름적

[만드는 과정]
1. 도라지는 껍질을 벗겨 0.6cm × 1cm × 6cm로 2개 이상 썰고, 당근도 같은 크기로 2개 이상 썰어 소금물에 데친 뒤 식힌다.
2. 쪽파를 6cm 길이로 자르고, 불린 표고버섯은 물기를 짜서 도라지와 같은 크기로, 소고기는 0.6cm × 1cm × 7cm로 썰어 사선으로 칼집을 넣어준 뒤 칼등으로 두들겨 모양을 잡는다.
3. 고기를 재울 양념장을 만든다.
   ▷ 양념장: 진간장, 설탕, 참기름, 깨소금, 후추, 다진 파·마늘
4. 팬에 기름을 두르고, 도라지 - 당근 - 표고 - 고기 순으로 볶고, 재료의 색을 맞춰 꼬치에 끼워 2개를 만든다.
5. 꼬치에 밀가루와 달걀물을 순서대로 묻혀 달군 팬에 약불로 지진 후, 꼬치를 돌려가며 조심스럽게 빼내 완성 접시에 담는다.

30 탕평채

[만드는 과정]
1. 숙주는 거두절미하고 청포묵은 6cm × 0.4cm × 0.4cm로, 미나리는 잎과 뿌리를 제거한 뒤 4~5cm 길이로 썬다.
2. 끓는 물에 소금을 넣고 숙주 - 청포묵 - 미나리 순으로 데치고, 데친 재료는 찬물에 헹구어 소금과 참기름으로 양념한다.
3. 파와 마늘을 다지고, 소고기는 얇게 채 썰어 양념장에 재워둔다.
   ▷ 양념장: 진간장, 설탕, 후즈, 깨소금, 참기름, 다진 파·마늘
4. 황·백지단을 부쳐 식힌 후 채썰고, 구워낸 김을 잘게 부순다
5. 간장, 식초, 설탕을 넣어 초간장을 만들어 볼에 청포묵, 숙주, 미나리, 볶은 고기를 넣고 함께 버무린다.
6. 완성 접시에 탕평채를 담고, 김가루와 지단을 고명으로 올려 마무리한다.

31 화양적

[만드는 과정]
1. 도라지는 껍질을 깎아 6cm × 1cm × 0.6cm 크기로 2개 이상 썰고, 당근도 같은 크기로 2개 이상 썰어 끓는 소금물에 데친 뒤 찬물에 헹구어 식힌다.
2. 오이도 같은 크기로 2개 이상 썰고 소금을 뿌려 절이고, 불린 표고버섯은 물기를 꼭 짜내 같은 크기로 썬다.
3. 소고기는 7cm × 1cm × 0.6cm로 썰어, 사선으로 칼집을 넣어준 뒤 칼등으로 두들겨 모양을 잡고 양념장에 재워 둔다.
4. 노른자는 두껍게 부친 뒤 채소들과 같은 크기로 2개 재단하고, 팬에 도라지 - 오이 - 당근 - 표고 - 고기 순으로 볶은 후 색이 겹치지 않게 꼬치에 끼워 양 끝을 1cm 정도 남도록 자른다.
5. 다진 잣가루를 고명으로 올려 완성한다.

30 탕평채

[요구사항]

주어진 재료를 사용하여 다음과 같이 탕평채를 만드시오.
1. 청포묵은 0.4cm × 0.4cm × 6cm로 썰어 데쳐서 사용하시오.
2. 모든 부재료의 길이는 4~5cm로 써시오.
3. 소고기, 미나리, 거두절미한 숙주는 각각 조리하여 청포묵과 함께 초간장으로 무쳐 담아내시오.
4. 황·백지단은 4cm 길이로 채 썰고, 김은 구워 부셔서 고명으로 얹으시오.

[지급재료]
- 청포묵 150g
- 소고기 20g
- 달걀 1개
- 숙주 20g
- 미나리 10g
- 김 1/4장
- 대파 1토막
- 마늘 2쪽
- 진간장 20mL
- 검은후춧가루 1g
- 흰설탕 5g
- 식용유 10mL
- 식초 5mL
- 깨소금 5g
- 참기름 5mL
- 소금(정제염) 5g

29 지짐누름적

[요구사항]

주어진 재료를 사용하여 다음과 같이 지짐누름적을 만드시오.
1. 각 재료는 0.6cm × 1cm × 6cm로 하시오.
2. 누름적의 수량은 2개를 제출하고, 꼬치는 빼서 제출하시오.

[지급재료]
- 소고기 50g
- 건표고버섯 1개
- 통도라지 1개
- 쪽파 2뿌리
- 당근 50g
- 산적꼬치 2개
- 소금(정제염) 5g
- 대파 1토막
- 마늘 1쪽
- 달걀 1개
- 밀가루 20g
- 진간장 10mL
- 흰설탕 5g
- 참기름 5mL
- 깨소금 5g
- 검은후춧가루 2g
- 식용유 30mL

31 화양적

[요구사항]

주어진 재료를 사용하여 다음과 같이 화양적을 만드시오.
1. 화양적은 0.6cm × 6cm × 6cm로 만드시오.
2. 달걀노른자로 지단을 만들어 사용하시오.
   (단, 달걀흰자 지단을 사용하는 경우 실격으로 처리됩니다.)
3. 화양적은 2꼬치를 만들고 잣가루를 고명으로 얹으시오.

[지급재료]
- 소고기 50g
- 건표고버섯 1개
- 통도라지 1개
- 오이 1/2개
- 당근 50g
- 산적꼬치 2개
- 대파 1토막
- 마늘 1쪽
- 달걀 2개
- 잣 10개
- 진간장 5mL
- 흰설탕 5g
- 참기름 5mL
- 깨소금 5g
- 검은후춧가루 2g
- 식용유 30mL
- 소금(정제염) 5g

32 칠절판 40분

[만드는 과정]
1. 밀가루 반죽(밀가루 6큰술, 물 1큰술, 소금 약간)을 먼저 만들어 숙성시켜 둔다.
2. 오이와 당근을 0.2cm × 0.2cm × 5cm로 얇게 채 썰어 소금에 절인다.
3. 파와 마늘을 다지고, 소고기는 얇게 채 썬다. 기둥을 떼어낸 석이버섯은 세척하여 채 썰고 소금과 참기름으로 양념한다.
4. 양념장을 만들어 채 썬 소고기를 재워 둔다.
   ▷ 양념장: 진간장, 설탕, 참기름, 후추, 깨소금, 다진 파·마늘
5. 황·백지단을 부쳐 식히면서 밀전병을 부친 후 지단을 일정하게 채 썬다.
6. 오이와 당근은 물기를 짜내 오이 – 당근 순으로 볶은 뒤 식히고, 석이버섯 – 소고기 순으로 볶아내어 식힌다.
7. 완성 접시 가운데 밀전병을 담고, 재료의 색이 겹치지 않도록 배치하여 돌려 담는다.

33 비빔밥 50분

[만드는 과정]
1. 불린 쌀로 고슬하게 밥을 짓는다.
2. 청포묵은 0.5cm × 0.5cm × 5cm로 썰어 끓는 물에 데치고 도라지도 동일하게 썰어 소금물에 절인다.
3. 동일한 크기로 채 썬 애호박은 소금을 뿌려 절인 후 고사리는 5cm 길이로 다듬는다.
4. 소고기, 다진 소고기, 고사리에 간장양념을 한다.
5. 팬에 식용유 2큰술을 넣고, 다시마를 튀겨 식힌 다음, 잘게 부순다.
6. 도라지와 애호박, 고사리와 소고기를 순서대로 볶고 남겨둔 다진 소고기를 볶다 고추장양념을 넣어 약불에 볶는다.
7. 밥 위에 모든 재료를 돌려 색이 겹치지 않게 담아내고, 약고추장을 가운데에 올려준 뒤 그 위에 부순 다시마를 올려 마무리한다.

32 칠절판

[요구사항]

주어진 재료를 사용하여 다음과 같이 칠절판을 만드시오.
1. 밀전병은 지름이 8cm 되도록 6개를 만드시오.
2. 채소와 황·백지단, 소고기는 0.2cm × 0.2cm × 5cm 정도로 써시오.
3. 석이버섯은 곱게 채를 써시오.

[지급재료]
- 소고기 50g
- 오이 1/2개
- 당근 50g
- 달걀 1개
- 석이버섯 5g
- 밀가루(중력분) 50g
- 진간장 20mL
- 마늘 2쪽
- 대파 1토막
- 후추 1g
- 참기름 10mL
- 설탕 10g
- 깨소금 5g
- 식용유 30mL
- 소금(정제염) 10g

33 비빔밥

[요구사항]

주어진 재료를 사용하여 다음과 같이 비빔밥을 만드시오.
1. 채소, 소고기, 황·백지단의 크기는 0.3cm × 0.3cm × 5cm로 써시오.
2. 호박은 돌려깎기하여 0.3cm × 0.3cm × 5cm로 써시오.
3. 청포묵의 크기는 0.5cm × 0.5cm × 5cm로 써시오.
4. 소고기는 고추장 볶음과 고명에 사용하시오.
5. 담은 밥 위에 준비된 재료들을 색 맞추어 돌려 담으시오.
6. 볶은 고추장은 완성된 밥 위에 얹어내시오.

[지급재료]
- 쌀 150g
- 애호박 60g
- 도라지 20g
- 고사리 30g
- 청포묵 40g
- 소고기 30g
- 달걀 1개
- 건다시마 1장
- 고추장 40g
- 식용유 30mL
- 대파 1토막
- 마늘 2쪽
- 진간장 15mL
- 흰설탕 15g
- 깨소금 5g
- 검은후춧가루 1g
- 참기름 5mL
- 소금(정제염) 10g

박문각 자격증 시리즈
한식조리기능사 실기 + 무료특강

초판인쇄	2026. 1. 15
초판발행	2026. 1. 20

편 저 자	안이준
발 행 인	박용
출판총괄	김현실
개발책임	이성준
편집개발	김태희, 이보혜
마 케 팅	김치환, 최지희
일러스트	㈜ 유미지

> 저자와의
> 협의 하에
> 인지 생략

발 행 처	㈜ 박문각출판
출판등록	등록번호 제2019-000137호
주　　소	06654 서울시 서초구 효령로 283 서경B/D 6층
전　　화	(02) 6466-7202
팩　　스	(02) 584-2927
홈페이지	www.pmgbooks.co.kr

ISBN	979-11-7519-340-6
	979-11-7519-338-3(세트)
정가	22,000원

> 이 책의 무단 전재 또는 복제 행위는 저작권법 제 136조에 의거, 5년 이하의 징역 또는 5,000만원 이하의 벌금에 처하거나 이를 병과할 수 있습니다.